934603

Les Colloques Ethnologiques de Bordeaux

II

L'anti-autoritarisme en ethnologie

Actes du colloque du 13 avril 1995

Département d'Anthropologie sociale/Ethnologie
Centre d'Etudes et de Rech rches Ethnologiques
Université Victor Segalen Bordeaux 2
3 ter Place de la Victoire

1997

MEMOIRES DES CAHIERS ETHNOLOGIQUES
N°8

ISBN : 2-9066-91-07-0

SOMMAIRE

LES PARTICIPANTS AU COLLOQUE:

Sory Camara, professeur d'ethnologie à l'Université Victor Segalen Bordeaux 2.
Pierre Centlivres, professeur d'ethnologie à l'Université de Neuchâtel
(Confédération Helvétique).
Christian Coulon, directeur de recherches au CNRS, Bordeaux.
Giordana Charuty, directeur de recherches au CNRS, Toulouse.
Christian Delacampagne, attaché culturel à Boston (USA).
Jack Goody, Saint John College, Cambridge (Grande-Bretagne)
Bernard Graciannette, U.F.R. de philosophie, Université Michel de Montaigne,
Bordeaux 3.
Christian Mériot, professeur d'ethnologie à l'Université Victor Segalen
Bordeaux 2.
Llorenç Prats, professeur d'ethnologie à l'Université de Barcelone.
Daniel Terrolle, maître de conférence à l'Université de Paris VII.
Bernard Traimond. professeur d'ethnologie à l'Université Victor Segalen
Bordeaux 2.

oody, A. Michel, G. Charuty, P. Centlivres, S. Mancini, C. Mériot, P. oscq, J.-M. Charpentier, P. Bidart, B. Graciannette, M. Centlivres, D. olle, L. Prats, B. Traimond.

re Centlivres, Jack Goody, Christian Mériot, Llorenç Prats.

PREFACE

L'anti-autoritarisme n'appartient pas aux habituels champs d'étude de l'ethnologie. Les dictionnaires consacrés à cette discipline n'incluent aucune notice sur ce thème. Même si certains des auteurs évoqués durant le colloque avaient rencontré en Afrique des sociétés segmentaires ou en Amérique des sociétés contre l'Etat, académiquement, ils se rattachaient, pour les premiers, à l'anthropologie sociale anglaise, pour le second, à l'anthropologie politique. Nous voulions, première tâche, établir des passerelles entre diverses œuvres arbitrairement séparées en explicitant les présupposés idéologiques implicites aussi confus ou ambigus soient-ils.

La moisson recueillie au cours du colloque fut riche et abondante dépassant largement les espérances initiales. Le thème choisi en effet réunissait plusieurs démarches dont nous n'avons vu l'ampleur qu'au cours de la journée:
- la tradition philosophique anti-autoritaire,
- le socialisme, l'anarchisme et le populisme du XIXème siècle,
- des sensibilités contemporaines que le monde académique ne laisse guère apparaître.

L'enthousiasme des intervenants les a amenés à ne pas hésiter à entreprendre un dur labeur de recherche, à s'éloigner de leurs thèmes habituels, à rassembler de nouvelles sources, à relire les textes, à explorer des voies inédites, résultats dont les auditeurs du colloque ont eu la primeur. Ces efforts ont trouvé leur justification dans les autres communications qui éclairaient chacune des enquêtes entreprises, complétaient un aspect peu développé, expliquaient des mécanismes restés obscurs dans le cadre initial. Assemblées, ces données trouvaient une cohérence dont rendent compte les Actes du colloque. La plupart des participants ont éprouvé le besoin de réécrire leur texte, de l'enrichir et les communications publiées s'éloignent bien souvent des interventions orales. En ce sens, le colloque a parfaitement joué un des rôles que devrait remplir toute rencontre scientifique. Exprimant ce que tous ont ressenti, Jack Goody avant de *reprendre l'avion pour Londres nous a dit: "J'ai de nouvelles idées".*

Inévitablement cependant, de multiples domaines n'ont pas été explorés durant le Colloque. Prenons, par exemple, le cas du culturalisme américain . On ignore en général que Frantz Boas fut très marqué par les révolutions de 1848 en Europe au cours desquelles son oncle à qui il était très attaché, connut la prison (Freeman, 1983: 21); de même, la mère de Margaret Mead dressait le drapeau rouge sur sa maison à l'annonce de la chute du Tzar en 1917 (Foerstel, Gillian, 1992: 55). Ces choix politiques se sont nécessairement répercutés sur les intérêts scientifiques de ces auteurs. Non seulement, les ethnologues de culture et personnalité *se sont engagés activement derrière Roosevelt dans la guerre contre le nazisme, ce que disent tous les manuels, mais on rappelle plus rarement qu'ils privilégiaient certains thèmes idéologiquement significatifs. Margaret Mead a ainsi édité en 1937 un ouvrage collectif intitulé* Cooperation and Competition among Primitive Peoples *. Ruth Benedict de son côté, n'hésitait pas à écrire que* "la préoccupation de réduire la compétition directe est présente tout au long de la vie du japonais" *formule qui nous laisse aujourd'hui, rêveurs (Benedict, 1946). Le point de vue qui nous fait considérer les culturalistes américains de façon aussi inhabituelle pourrait s'appliquer à de nombreux ethnologues.*

En un mot, les perspectives affirmées par ce Colloque n'ont pas fini de se déployer car après avoir puissamment cheminé dans la discrétion depuis des décennies, elles rencontrent une multitude d'échos dans bien des domaines et dans l'œuvre de multiples ethnologues. L'anti-autoritarisme éclaire à l'évidence de nombreuses recherches d'hier et d'aujourd'hui. Ce colloque apparaît ainsi comme le premier pas d'une démarche qui promet d'être féconde. Il a posé de manière implicite des questions sur les modalités des enquêtes et proposé des thèmes sur lesquelles elles devraient porter tout en offrant de nouvelles perspectives sur les origines de l'ethnologie.

L'intérêt pour le peuple

On a souvent répété que l'ethnologie est la fille de la colonisation. Si cette politique a en effet suscité l'intérêt pour les sociétés indigènes dominées, ne serait-ce que pour mieux les administrer, voire les réduire (Leclerc, 1972), plus discrètement de nombreux ethnologues sont très souvent allé chercher dans les civilisations exotiques des formes politiques moins conformes au système qu'ils subissaient chez eux. Bien plus qu'on ne l'a jamais dit, ce colloque nous a appris que la tradition libertaire explique pour une large part l'intérêt pour la pluralité des formes d'expression des peuples. N'oublions pas, en effet, que l'ethnologie de l'Europe est née alors que s'affirmaient les nationalités, chaque dynamique renforçant l'autre. Le populisme du XIXème siècle réclamait l'expression politique des diverses entités culturelles mais aussi, parallèlement, leur étude. Ces dernières années, de multiples auteurs ont démonté les procédés d'"invention des nations" par lesquels ethnologues et historiens ont fabriqué des objets permettant d'affirmer leur ancienneté et leur originalité (Bertho, 1980, Hobsbown & Ranger, 1982, Juaristi, 1987, Karnoouh, 1990, Traimond, 1987). Tandis que la sociologie s'inscrivait pour des raisons politiques et institutionnelles dans l'espace étatique, l'ethnologie affirmait au contraire la multiplicité des centres de décision, l'autonomie des petits groupes et l'examen des cultures "par le bas". Cette opposition s'exprime au sein même de l'œuvre de Durkheim. Ses divers ouvrages montrent que l'échelle des informations collectées détermine la méthode d'enquête, Le suicide ne suit pas la même démarche (même si Mauss a dépouillé manuellement 26 000 fiches) que Les sources élémentaires de la vie religieuse *dont les matériaux, il est vrai, lui ont été fournis par son neveu (Cuin, 1995: 132, 138).*

Questions de méthode

Communications et débats ont soulevé quatre types de questions méthodologiques:
1 - Les choix politiques explicites n'altèrent pas la qualité des travaux
Le militantisme de certains auteurs étudiés (Kropotkine) n'a en rien perturbé leur pratique scientifique (1). Leurs textes s'accordent évidemment à leurs options idéologiques sans pour cela transformer leurs travaux en oeuvre de propagande. Ils savaient tenir compte des informations scientifiques de leur temps et les utiliser de façon critique. Singulièrement, cet intérêt pour l'anti-autoritarisme peut aussi s'appuyer sur des options politiques plutôt réactionnaires comme Evans-Pritchard qui a si bien su représenter les sociétés segmentaires. Les choix idéologiques ont donc orienté les recherches sur certains thèmes négligés sans en altérer la qualité scientifique.
2 - L'enquêteur ne rencontre que les aspects qui l'intéressent.
Nous comprenons alors les démarches de ces ethnologues. Ils choisissent leurs lieux d'enquête, leurs problématiques et leurs instruments d'analyse en fonction de leurs intérêts idéologiques. Le débat fondateur Redfield-Lewis dans les années 50 nous avait appris les implications et les effets d'une telle démarche. Chacun de ces ethnologues avait trouvé dans le même village mexicain, Tepozlan, ce qui l'intéressait, l'harmonie pour le premier, les conflits chez le second, sans que puisse être mis en cause la qualité des travaux de l'un comme de l'autre (Redfield, 1930, 1953, 1955, Lewis, 1960). D'ailleurs les deux s'accordaient pour accepter les résultats de leurs enquêtes et la qualité de leur travaux respectifs. Les intérêts des auteurs étudiés durant le colloque ont nécessairement, eux aussi, suscité certaines recherches et certains résultats que d'autres préoccupations ou d'autres intérêts auraient négligés.
3 - La problématique de départ détermine largement les résultats obtenus par les enquêtes.
Comment expliquer que cette apparente contradiction entre des intérêts idéologiques affirmés et la nécessaire rigueur académique puisse se concilier sans difficulté majeure ? En premier lieu, plus que tout autre chercheur, l'ethno-

logue crée les informations dont il dispose. Contrairement à l'historien qui se trouve devant certaines archives rédigées et transmises pour des raisons sur lesquelles il ne peut rien, l'ethnologue fabrique ses propres documents. Il choisit des interlocuteurs et leur pose certaines questions selon certaines modalités. Il détermine donc plus ou moins consciemment, les personnes interrogées, les thèmes abordés et par la formulation même de ses questions, il induit certaines réponses. D'où provient la validité d'un discours fondé sur des informations entièrement fabriquées pour les besoins de la cause ? Tout simplement, loin de croire tout ce qu'on lui dit, l'ethnologue fait intervenir dans l'interprétation des données recueillies les mécanismes qui les ont fait émerger. Son propre statut suscite un certain type d'informations; s'il change de situation, il en obtiendra d'autres, éventuellement contradictoires. Une femme ne saura pas la même chose qu'un homme, un jeune qu'un vieux, un étranger qu'un indigène,.. Les ethnolinguistes ont souvent souligné que le contenu des réponses dépend non seulement de la langue utilisée mais même de son style (Briggs, 1986, Gumperz, 1989). Parallèlement, Jeanne Favret-Saada nous avait montré que les informations recueillies dépendent de la "place" que l'informateur attribue à tort ou à raison à l'enquêteur (Favret-Saada: 1977). En effet, les choix politiques de nos auteurs ont évidemment induit les données collectées, les ont suscitées, les ont produites. Pourtant, loin de gêner leurs enquêtes, les intérêts politiques de nos ethnologues ont stimulé leur curiosité, orienté leur regard et, en définitive, modifié leurs travaux avec d'autant plus d'efficacité qu'ils mettaient bien souvent en avant leurs choix idéologiques. Ces options politiques ont ainsi contribué à améliorer la qualité de leurs réflexions .

En second lieu, dans la collecte et l'utilisation de l'information, la démarche qui prend en compte les modalités de sa confection évite de tomber dans la chosification. En précisant plus ou moins explicitement le point de vue adopté, l'ethnologue affirme hautement qu'aucune donnée n'échappe à un processus de formation. Chacune résulte de relations sociales concrètes, d'une dynamique créative dans laquelle le contexte joue un rôle essentiel. Par contre, elle ne peut être présentée sans dégât en objet objectif c'est-à-dire indépendamment des personnes qui ont contribué à la faire émerger.

S'opposant à ce type de démarche, certains ont préconisé la nécessité de la séparation de l'observateur et de l'objet observé, thème abondamment développé encore dans les années 60. Selon eux, il y aurait donc d'un côté la société à étudier, et de l'autre, l'enquêteur dont la qualité du travail dépendrait entre autre de l'éloignement garant de l'"objectivité" des observations. S'il en était besoin, le colloque amène des preuves supplémentaires de l'illusion de cette procédure souvent désignée sous l'appellation de kantisme (séparation entre les faits et les valeurs), de positivisme (Marcus & Fischer, 1986: 179) ou de néo-positivisme (Foucault). Les communications montrent justement que l'originalité et la qualité des travaux des auteurs étudiés résultent pour une large part de l'intérêt qu'ils portaient aux sociétés étudiées, de leur implication dans les cultures indigènes et

parfois même de leurs projets politiques, voire de leur activité militante. Loin de les gêner ces choix ont au contraire induit les enquêtes et les travaux dont la qualité s'impose à tous. Simplement, ils n'ont jamais considéré que leurs choix idéologiques les dispensaient du regard critique à l'égard de toute information et de la rigueur nécessaire à toute réflexion, de la prise en compte des conditions par lesquelles ils avaient accédé à l'information.
4 - L'interdisciplinarité favorise la créativité.

Dans cette perspective, Mauss préconisait de s'inspirer d'autres disciplines de l'histoire en particulier: "Il faut faire comme eux, observer ce qui est donné" (Mauss, 1983: 276). Cette démarche, partir du discours, nous a permis d'associer dans le colloque des philosophes (La Boétie ou Foucault), des géographes (Kropotkine) à une réflexion sur l'ethnologie. Les ignorer aurait amputé notre travail d'apports essentiels d'autant que nous savons que les anthropologues n'élaborent pas leur travaux sans bénéficier des influences les plus diverses, processus dont nous devions rendre compte. On a ainsi souligné ces derniers temps la place occupée par tel ou tel romancier dans le genèse de l'œuvre des meilleurs d'entre eux, Conrad sur Malinowski (Clifford, 1988: 92) ou Thomas Hardy sur Yvonne Verdier (Clastres, 1991: 372-378).

Le croisement de ces savoirs et de ces démarches apparemment hétérogènes constitue une clef de la compréhention des travaux mais aussi un guide qui suscite la créativité et l'innovation.

La démarche à suivre.

Nous nous étions refusés en effet à donner une définition dogmatique de l'anti-autoritarisme au risque, surmonté, de rencontrer des communications trop hétérogènes pour pouvoir faire dialoguer les intervenants. Si à l'évidence les points de vue sont heureusement restés très différents, cela n'a pas entraîné le raidissement de chacun dans des conceptions définies à l'avance. Au contraire, peut-être à cause des approches très diverses, malgré des point de vue parfois opposés, une même préoccupation s'est imposée à tous avec évidence. Toutes les interventions partaient de la parole même des acteurs, qu'ils soient indigènes, militants, ethnologues amateurs ou professionnels. Dès lors, que l'on étudie La Boétie, Kropotkine ou les Mandenka, il ne s'agissait que de comprendre la logique de leurs discours et, toute proportion gardée, le dialogue pouvait s'établir, s'est établi, entre ces diverses représentations du monde.

Cette démarche à contre courant ne fait que renverser l'appréhension banale, sauvage, de nos civilisations. Simplement, à une vision économiste des sociétés, où seul le profit guiderait les conduites, s'oppose avec non moins de cohérence, la suprématie de l'entraide, du don, du gratuit, de la solidarité. Le gaspillage du potlatch ou de la kula mis en exergue par Mauss (avec quelques autres exemples) ne se rencontrent pas seulement chez les Kwakiutl et les Trobriand. Il le disait d'ailleurs explicitement: "Nous n'avons pas qu'une morale de marchand.

Il nous reste des gens et des classes qui ont encore les mœurs d'autrefois et nous nous y plions presque tous, au moins à certaines périodes de l'année ou à certaines occasions" *(Mauss, 1983: 258). A côté du domaine régi par le profit, le pouvoir et l'Etat, se développent des espaces dans lesquels règnent d'autres valeurs et d'autres modes de fonctionnement. Simplement, ces mécanismes ne peuvent se perpétuer que dans la discrétion. Même si elles ne font que reprendre les propos des grands ancêtres de notre discipline tels Durkheim et Mauss, ces banalités surprennent car ces diverses démarches aussi fécondes furent-elles, ont eu tendance à être négligées ou cachées. Elles ne conviennent pas à ceux qui nous gouvernent et qui réclament des enquêteurs déférence et preuves de l'efficacité de leur propre action. Cependant, ce manque d'intérêt des autorités pour ces questions, la volonté des pratiquants de les taire ne devraient en rien justifier le silence des chercheurs.*

L'usage social des sciences sociales

De façon plus générale, ces débats posent la question de l'usage social des sciences sociales. Doivent-elles servir à mieux gouverner la société ou au contraire dévoiler les conditions dans lesquelles sont amenés à vivre groupes et individus?

Longtemps l'ethnologie a justifié ses activités par la nécessité de connaître les sociétés indigènes pour mieux les gouverner (2). Cela permettait de réclamer l'institutionnalisation de la discipline et d'obtenir des crédits. Cela lui a valu la réputation de science coloniale (Bastide, 1971). Peut-être a-t-on trop prêté foi aux avertissements des ouvrages ou aux proclamations destinées aux autorités politiques. Le colloque a montré qu'au contraire, pour de nombreux ethnologues, les sociétés exotiques pouvaient devenir un exemple des possibilités concrètes de l'exercice d'autres formes de vie sociale. Celles-ci pouvaient se rencontrer ailleurs ou au contraire, servir de point de comparaison pour mieux observer dans nos propres conduites des attitudes en contradiction avec ce qu'exprime les images du discours dominant. La démarche des ethnologues qui observent du bas, qui s'attachent à la parole même des indigènes, s'accorde difficilement avec ce qu'attend le Prince. Cela n'a pas empêché et parfois n'empêche pas que l'anthropologie serve à conforter un état de fait, à justifier certaines politiques, voire à les rendre plus efficaces. A l'époque de la guerre du Vietnam, le scandale produit par le projet Camelot qui utilisait des chercheurs en sciences sociales dans la lutte contre la "subversion" a lourdement souligné les perversions qu'entraînent la soumission aux autorités pourvoyeuses de crédits (3).

Un moindre danger, pourtant plus souvent dénoncé, consiste à mettre les enquêtes sous la dépendance de préjugés idéologiques plus ou moins conscients. Une fausse réponse à cette difficulté consiste à cacher les choix politiques du chercheur, à faire semblant d'imaginer que celui-ci n'a pas d'idée en dehors du domaine académique. Les meilleurs auteurs, ainsi que le montrent les communi-

cations, savent échapper à ce danger.

*Comment font-ils ? Quand Kropotkine éprouvait le besoin de défendre l'in-
évitable entraide par des exemples concrets, il ne pouvait faire autrement que
d'inscrire ces pratiques dans une évolution des sociétés telles qu'elles étaient perçues à l'époque. Il affirmait la nécessité des enquêtes afin d'asseoir les choix politiques, non sur le discours des économistes tels que les expriment les banquiers,
mais sur la parole même des indigènes. Géographe, il rejoint ici la démarche ethnologique et une telle attitude se rencontre chez tous les auteurs étudiés. Leurs
choix politiques, fort divers, s'accordent sans difficulté avec la plus grande
rigueur académique. On objectera avec juste raison qu'il s'agit d'interprétations
tendancieuses de la démarche de ces auteurs qui ne s'accorderaient pas nécessairement avec une lecture contemporaine mais il convient, ainsi que les communications l'ont fait, de puiser dans les textes d'autrefois, ce qui nous sert dans les
enquêtes d'aujourd'hui. En ce sens ce Colloque voudrait constituer un programme
de recherche sur des thèmes oubliés.*

*Un des participants au colloque nous a fait part d'une critique que nous
transcrivons d'autant plus aisément que nous la partageons. La réunion partici-
pait à la célébration de certains auteurs sans entamer un débat avec leurs oppo-
sants d'hier ou d'aujourd'hui. Non seulement cette remarque analyse la réalité
actuelle de notre réflexion mais elle précise les tâches qui nous restent à accomplir. En dernière instance, même si au départ nous n'étions pas conscients de
toutes les implications, il s'agissait de proclamer d'autres formes d'enquête,
d'autres lectures des auteurs, d'autres objets, d'autres démarches. Cet objectif
programmatique ne laisse pas de place à la polémique et au débat, car il tend
exclusivement à affirmer de nouvelles perspectives par l'harmonisation des points
de vue nécessairement divergents. Ces conditions explicitées, il nous semble clair
qu'il faudra en effet, très rapidement, passer au stade de la confrontation et de
l'explicitation de nos divergences. Simplement, pour pouvoir dire nos désaccords,
il faut d'abord savoir au nom de quoi nous parlons. Nous y trouvons, comme s'il
en manquait, une leçon supplémentaire du colloque.*

Bernard Traimond
Centre d'Etudes et de Recherches Ethnologiques
Université Victor Segalen Bordeaux 2

Note :

1 Nous prenons le contre-pied de la proposition de Max Weber: «*Je suis prêt à vous fournir la preuve au moyen de nos historiens que, chaque fois qu'un homme de science fait intervenir son propre jugement de valeur, il n'y a plus compréhention intégrale des faits"* (Weber, 1963: 104). Cette phrase amalgame l'enseignant et le chercheur distinction qu'introduit l'auteur dans la suite de son texte. Ces propos s'inscrivent évidemment dans le positivisme dominant de son époque.

2 Pensons que la première chaire d'ethnologie en France a été créée en 1943, en pleine occupation.

3 JOHNSON, Dale J. «Ethics of the Nature, Procedures, and Funding of Research in Other Countries», *American Anthropologist*, 68, 1966.

JACOBS, Milton. «L'Affaire Camelot», *American Anthropologist*, 69, 1967.

Anthropologie et impérialisme, *Les Temps Modernes*, décembre-janvier 1970-71.

COPANS, Jean. *Anthropologie et impérialisme*, Paris: François Maspero, 1975.

Ouvrages et articles cités

BASTIDE, Roger. *Anthropologie appliquée*, Paris: Petite Bibliothèque Payot, 1971.

BENEDICT, Ruth. *Le chrysanthème et le sabre*, Paris: Picquer, "poche». 1995. (1946).

BERTHO, Catherine. L'invention de la Bretagne. Genèse sociale d'un stéréotype, *Actes de la Recherche en Sciences Sociales*, n°35, mars 1980.

BRIGGS, Charles L. *Learning how to ask. A sociolinguistic appraisal of the role of the interview in social science research*, Cambridge: Cambridge University Press, 1986.

CLASTRES, Hélène. Aux pôles de la coutume: Thomas Hardy, *Ethnologie Française*, 4, 1991.

CLIFFORD, James. *The predicament of Culture. Twentieth-Century Ethnography, and Art*, Cambridge: Harvard University Press, 1988.

COPANS, Jean. *Anthropologie et impérialisme*, Paris: François Maspero, 1975.

CUIN, Charles-Henry. Durkheim et Mauss à Bordeaux, *L'ethnologie à Bordeaux. Hommage à Pierre Métais*, Bordeaux: Presses Universitaires de Bordeaux, 1995.

FAVRET-SAADA, Jeanne. *Les mots, la mort, les sorts*. La sorcellerie dans le bocage, Paris: Gallimard, 1977.

FOERSTEL, Leonora & GILLIAM, Angela. *Confronting the Margaret Mead Legacy. Scholarship Empire, and the South Pacific*, Philadelphia: Tremple University Press, 1992.

FREEMAN, Derek. *Margaret Mead and Samoa. The Making an Unmanking of an Anthropological Myth*, Cambridge: Harvard University Press, 1983.

GUMPERZ, John. *Engager la conversation. Introduction à la sociolinguistique interactionnelle,* Paris: Editions de Minuit, 1989.

HOBSBAWN, Eric & RANGER, Terence. *The Invention of the Tradition,* Cambridge: Cambridge University Press, 1982.

Impérialisme et révolution, *Les Temps Modernes,* Décembre-janvier 1970-71.

JUARISTI, Jon. *El linaje de Aïtor. La invencion de la tradicion vasca,* Madrid: Taurus, 1987.

KARNOOUH, Claude. *L'invention du peuple. Chronique roumaine,* Paris: Arcantière, 1990.

LECLERC, Gérard. *Anthropologie et colonialisme,* Paris: Fayard, Anthropology critique, 1972.

LEWIS, Oscar. *Tepozlan, Village in Mexico,* New-York: Holt, Rinehart and Winston, 1960.

MARCUS, George E. & FISCHER, Michael M. *Anthropology as Culture Critique. An Experimental Moment in the Human Sciences,* Chicago: The University of Chicago Press, 1986.

MAUSS, Marcel. *Sociologie et anthropologie,* Paris: PUF, Quadrige, 1983, (1950).

MEAD, Margaret. *Cooperation and Competition among Primitive Peoples,* New York, 1937.

REDFIELD, Robert. *Tepozlan: A Mexican Village,* Chicago: University of Chicago Press, 1930.

        The Primitive World and Its Tranformations, Ithaca, New-York: Cornell University Press, 1953.

        The Little Community. Viewpoints for the Study of a Human Whole, Chicago: University of Chicago Press, 1955.

TRAIMOND, Bernard. «L'invention des Landes de Gascogne sous la Révolution», *Amiras/Repères Occitans,* n°15-16, 1987.

WEBER, Max. *Le savant et le politique,* Paris: 10/18. 1963. (1919).

Hier

La Boétie contre le pouvoir :
un sauvage anthropologue

On ne trouve pas, dans le *Discours de la servitude volontaire*, d'allusion claire aux Indiens d'Amérique découverts cinquante ans plus tôt, sinon peut-être cette évocation fugace de «*gens tout neufs, ni accoutumés à la sujétion, ni affriandés à la liberté et qu'ils ne sceussent que c'est ni de l'une ni de l'autre, ni à grand-peine des noms*» (p. 124) (1) . Le jeune La Boétie (2) trouve toutes ses références dans l'horizon de sa culture humaniste. Pourtant, sa dénonciation radicale de la domination politique et le recul critique qu'il impose à son lecteur devant la réalité de la soumission à l'État semble bien de nature à côtoyer la réflexion des anthropologues sur la nature équivoque et sur les vrais artifices de l'autorité. De fait, par le regard distancié qu'il jette sur sa propre société, et, à travers elle, sur toute société, La Boétie est, avant la lettre, un ethnologue. Mais, par la vigueur irrespectueuse des questions que lui inspirent les aliénations qu'engendre la vie au sein de l'État, cet ethnologue est aussi un sauvage. À la dénonciation de la domination, il oppose l'image de la liberté sauvage et originelle d'un individu qui serait au plus près de lui-même, de ses semblables et de la nature. C'est dire que, pour lui, la barbarie n'est pas au commencement, mais au terme de l'histoire et que, comme tout sauvage, il ne fait guère crédit à l'idée de progrès.

Situé dans son temps (celui de la Réforme et des révoltes paysannes, celui du nouvel universalisme humaniste et des guerres de François Ier), La Boétie est le témoin de la croissance de l'État-nation en voie de centralisation, du moment où le mode d'obéissance hérité de la féodalité (l'allégeance, la foi jurée, la protection du faible par le fort) rencontre la soumission progressive et obligatoire à une autorité unifiée sur une plus large échelle, et donc plus lointaine. La Boétie découvre comme une énigme la servitude d'État et, avec elle, la déformation, la défiguration que subissent les rapports féodaux lorsqu'ils sont transposés à l'échelle de l'État : pourquoi et comment obéir à un maître que l'on ne connaît pas, sinon comme une image ou une légende, mais comment, aussi, se dérober à cette obéissance qui s'impose comme le nouveau – et le seul – repère de la vie commune ? Le *Discours* doit d'abord être lu comme une tentative pour rendre compte d'une transition, d'en décrire les effets, d'essayer de découvrir les voies par lesquelles elle s'accomplit.

À cette fin, débordant largement le cadre d'une actualité qui n'est jamais évoquée qu'à demi-mot, il élabore un mythe : le mythe de la volonté de servitude. Il s'attache à montrer que la réalité de la domination brutale renvoie en fait à l'acceptation de celle-ci par les hommes eux-mêmes. Si l'État s'affirme comme puissance autoritaire, spoliatrice et destructrice, c'est parce que tous – ou du moins, le plus grand nombre –, un jour, l'ont bien voulu. La servitude volontaire est une réalité observable dans le passé et le présent. Mais cette réalité dépend elle-même d'un fait dont l'histoire ne fournit aucun principe d'explication, d'un fait scandaleux, à peine imaginable, devant lequel La Boétie, dans les premières pages du *Discours*, proclame avec véhémence son ébahissement: la volonté de servitude, le fait que les individus acceptent de souffrir pour servir. C'est ce fait insaisissable qui revêt, nous semble-t-il, une portée mythique. Il est introuvable dans la réalité alors même qu'il fournit l'éclairage qui permet de la comprendre. De fait, à partir de ce mythe d'origine de l'acceptation de l'inacceptable, La Boétie engage une réflexion sur les conditions de l'existence politique et, au delà, sur l'idée même de nature humaine et sur l'articulation de cette nature à la culture et à l'histoire.

Le mythe de la volonté de servitude, La Boétie l'élabore à l'aide des matériaux que lui fournit sa culture : l'image traditionnelle de la tyrannie, du pouvoir d'un seul érigé en maîtrise absolue, à laquelle répond l'image, non moins traditionnelle, de la vertu républicaine en révolte contre le despotisme. L'Antiquité offre des exemples et des contre-exemples qui permettent d'éclairer et de juger le présent : il y eut jadis des oppresseurs et des esclaves (la situation d'aujourd'hui renvoie donc à une constante de l'histoire), mais il y eut aussi des cités et des individus jaloux de leur liberté (la situation d'aujourd'hui n'est donc pas la seule possibilité qui s'offre aux hommes et elle appelle sur elle le regard critique).

Ce que montre en outre l'histoire, c'est que l'acceptation de la tyrannie est toujours rendue possible par l'existence même du tyran, par les artifices qu'il utilise pour assurer sa propre perpétuation et sa propre légitimation et, surtout, par l'appareil militaire et policier qu'il met en place – ou plutôt qui se met en place spontanément – autour de lui. Le *Discours* s'ouvre sur la dénonciation des périls inhérents à la monocratie – «*la puissance d'un seul dès lors qu'il prend ce tiltre de maistre est dure et desraisonnable*» (p.103) – et s'achève sur une description de la pyramide des pouvoirs (six courtisans dirigent six cents obligés qui eux-mêmes contrôlent six mille subordonnés...) qui constitue «*le ressort et le secret de la domination*» (p. 150). Il énumère en outre avec une grande précision les instruments par lesquels la tyrannie garantit son existence : de la démagogie du plaisir octroyé pour abêtir les peuples qui «*s'aleschent vitement à la servitude par la moindre plume quon leur passe comme lon dit devant la bouche*» (p.141), jusqu'à la sacralisation de soi à laquelle les détenteurs du pouvoir, des empereurs d'Assyrie aux rois de France, ont toujours eu recours.

La volonté de servitude s'insère dans le cadre que déterminent la volonté et les appuis du tyran. Ce n'est certes pas l'esclave qui fabrique son maître de toutes pièces, mais c'est lui qui lui donne et qui perfectionne à tout moment les instruments de la puissance. Le scandale consiste en ceci que l'obéissance politique n'est pas exigée de l'extérieur ; elle n'est même pas à proprement parler obéissance, exécution raisonnée d'un ordre que l'on accepte, adhésion délibérée à une autorité, mais sollicitation de la domination par ceux sur qui elle va s'exercer, abandon de soi (de ses biens, de sa famille, de sa vie même) au pouvoir injustifié et injustifiable de celui qui gouverne. Cette attitude, dit La Boétie, n'a pas de nom ; elle se refuse à toute qualification par les mots de la morale traditionnelle ; ce n'est pas un vice, mais un « monstre de vice » (p. 108). Elle n'est même pas commandée par la crainte ou par quelque souci de sécurité. Pourtant, elle existe, et elle est massive: «*tant d'hommes, tant de bourgs, tant de villes endurent quelquefois un tyran seul*» (p. 104). À cette calamité nul n'échappe et chacun prête la main.

Le récit mythique consiste donc ici à reporter sur la seule volonté des sujets l'origine de la servitude. Il consiste dans l'affirmation de ce renversement qui subvertit toute pensée connue sur l'origine et la perpétuation du pouvoir. Il suffirait, dit La Boétie, de ne pas vouloir pour ne pas servir. Nous y reviendrons. Ce qu'il importe pour l'instant de souligner, c'est que, si la servitude est volontaire, la volonté de servir, elle, n'est pas libre. Elle est liée par le désir qui se fixe sur le détenteur du pouvoir, sur le prince, ou plutôt sur son image, comme image de l'unité. Ce n'est pas un individu en tant que tel qui est l'objet de la soumission ; pour tyranniser, il n'est nul besoin d'être législateur génial, héros ou père du peuple, et c'est « *le plus souvent le plus lasche et femelin de la nation* » qui occupe la place (p. 107). C'est à une image, à un nom, « le nom seul d'un » (p. 105), que va l'adhésion populaire. Ce nom, c'est celui que chacun aimerait pouvoir se donner. En lui se cristallisent trois choses : l'unité du corps social vécue comme réalité imaginaire d'un être transindividuel dans lequel les individus pourraient trouver la justification de leur existence ; l'unité de la personne du tyran comme principe de l'unité du corps social ; enfin, l'unité que chacun voudrait pour lui-même et qu'il croit reconnaître dans l'unité de la personne du tyran.

La soumission à l'autre n'est donc rien d'autre que la contrepartie d'une quête de soi hors de soi (3) . Cette quête prend la forme d'une attente, l'attente de la répétition d'un plaisir fugace et illusoire (la "plume" évoquée plus haut). La volonté serve est donc d'abord une volonté du moindre effort sur soi. Mais il arrive aussi que soient exigés des efforts et des sacrifices. Alors, la volonté en question a l'occasion de montrer son mauvais aloi. Pour volontaire qu'elle soit, la servitude est en tout cas étrangère à toute forme d'enthousiasme et d'héroïsme, et toujours sans commune mesure avec le patriotisme des citoyens libres. « *Avec la liberté se perd tout en un coup la vaillance*» (p. 138).

Tel est donc le mythe : au principe de la servitude, il y a un charme dont l'origine historique est inassignable et qui est si puissant qu'il est capable de faire supporter la souffrance qu'apporte inévitablement la domination. En cédant à ce charme, les hommes ont accepté la servitude, les homme se sont pris à un piège qui, un jour, leur a été tendu et, depuis lors, ils n'ont cessé de contribuer à renforcer son efficacité. Ce charme n'agit qu'au prix d'un renoncement à l'initiative (sinon à l'action). Servir, c'est agir sans vouloir par soi-même. Se libérer de la servitude, ce serait vouloir par soi-même et, en vertu de cette volonté, renoncer à agir. «*Vous pouvés vous en delivrer si vous l'essaiés, non pas de vous en delivrer, mais seulement de le vouloir faire*» (p. 116). Alors le tyran s'effondrerait, comme un colosse aux pieds d'argile. Mais on verra combien cette hypothèse est improbable pour La Boétie.

Admettons que la tyrannie soit un cas exceptionnel et aberrant de la vie des cités. Il n'en reste pas moins que La Boétie reste fort discret sur la nature et la réalité des régimes politiques autres que la tyrannie, de régimes où les individus pourraient se contenter d' « obéir » sans « servir ». Il prétend « réserver pour un autre temps » (ibid.) la question de la confrontation entre la monarchie et les autres formes de républiques, mais le fait est qu'il abandonne dès le début de son propos les problèmes traditionnels de la philosophie politique et sa préoccupation n'est manifestement pas de réfléchir sur la classification des régimes et sur les moyens de parvenir à la meilleure forme de gouvernement. D'ailleurs, lorsqu'il en vient cependant à esquisser lui-même une classification, il se borne à distinguer « *trois sortes de tirans* » (ceux qui obtiennent le royaume par élection, ceux qui l'obtiennent par la conquête et ceux qui l'obtiennent par droit de succession), et s'empresse d'ajouter que ses propres distinctions ne tirent pas à conséquence puisque « *estant les moyens de venir aus regnes divers, toujours la façon de regner est quasi semblable* » (p. 123). Tout semble se passer comme si le fait de la tyrannie (dont la notion comprend déjà les autres formes de la monarchie) était susceptible de nourrir une interrogation qui excède la particularité de son cas. Tout semble se passer comme si, à travers la question de la tyrannie, se trouvait posée la question de la nature du pouvoir d'État, de ses ressorts et de ses effets sur les conditions de la vie des hommes. Ainsi envisagé, le Discours prend la dimension d'une extraordinaire entreprise de désacralisation du politique (4).

Pour La Boétie, la vie politique, telle qu'elle apparaît à travers le cas paradigmatique de la tyrannie, est un artefact. Elle fabrique un type particulier de rapports entre les hommes, des rapports voulus, créés et maintenus par eux. Elle ne procède ni d'une institution divine – les Juifs eux-mêmes, peuple élu, se donnèrent des rois « *sans contrainte ni besoin* » (p. 124) –, ni d'une nécessité naturelle – la survie que seul l'État pourrait assurer –, et moins encore d'une démarche de la raison juridique. Entre gouvernants et gouvernés ne s'instaure aucun intérêt commun, aucun rapport juridique, aucune réciprocité d'obligations et de services. L'unité politique de la société ne relève pas du droit . Bien plus, ce qu'annonce la tyrannie, c'est une pratique résolument anti-juridique de la politique : il est « *malaisé de croire qu'il y ait rien de public en ce gouvernement [la tyrannie] où tout est à un* » (p. 104). Dans ce régime (et dans tous ceux dont il constitue le modèle), la démarcation entre public et privé se brouille ; la mobilisation et l'automobilisation des consciences se substituent à la délibération collective et à la définition des droits et des devoirs.

En fait, la politique semble commencer au moment où l'imaginaire collabore avec la force, au moment où les praticiens de la violence (le tyran et ses complices) découvrent qu'ils peuvent tirer profit du désir des sujets pour asseoir la domination (5). Ils disposent d'ailleurs de multiples moyens pour entretenir ce désir en lui fournissant à peu de frais des occasions de jouissance (toujours la « plume »). « *Les theatres, les jeus, les farces, les spectacles, les gladiateurs, les bectes estranges, les médailles, les tableaux et autres telles drogueries c'estoient aus peuples anciens les apasts de la servitude, le pris de leur liberté, les outils de la tirannie* » (pp. 141-142).

Dès lors, le fondement de la légitimité trouve son véritable lieu : l'imaginaire. L'affirmation de l'autorité politique et sa reconnaissance s'effectuent à travers un échange d'images, de symboles, de croyances. À l'image de lui-même qu'accrédite le prince pour faire accepter sa puissance répond la crédulité toujours disponible du peuple qui, en retour, projette sur la personne de celui-ci ses propres productions mythologiques.

C'est ainsi que la collusion entre le politique et le sacré est un instrument commun aux gouvernants et aux gouvernés. Elle met en œuvre une sorte de dynamique interne à la vie sociale qui ne cesse de reconstruire le politique dans l'imaginaire. Cette dynamique consiste en ceci que les sujets acceptent et, surtout, reprennent à leur compte les manœuvres idéologiques du pouvoir. S'ils obéissent et se soumettent de gaieté de cœur, c'est parce qu'ils ne demandent eux-mêmes qu'à projeter la source de l'autorité au delà de la société réelle. Tout se passe comme s'ils ne pouvaient concevoir les rapports d'obéissance comme des rapports simplement humains, comme s'ils ne pouvaient concevoir leur rassemblement qu'à partir d'un point extérieur au monde dans lequel ils vivent. La Boétie suggère assez clairement que ce travail de l'imaginaire et les tromperies qu'il engendre sont loin d'être le fait des seules tyrannies. Son regard critique – ce regard qu'on doit bien appeler ethnologique – se retourne sur la monarchie française: mieux vaut, dit-il, ne pas examiner de trop près les « histoires » par lesquelles nos rois – qui, précise-t-il cependant, avec, sans doute, quelque ironie, semblent «*non pas faits comme les autres par la nature*» – donnent à leur autorité une aura légendaire (cf. pp. 148-149).

L'artefact que constitue la vie politique, La Boétie en parle comme de l'effet d'une « *dénaturation* ». Les rapports de complicité qui se nouent entre princes et sujets ont en fait une longue histoire. Surajoutés à une nature de l'homme dont nous aurons à reparler, ils relèvent de la « coutume », de cette « nourriture » que les pouvoirs ont toujours servie aux citoyens et à laquelle ceux-ci n'ont pas manqué de prendre goût. «*La coustume qui a en toutes choses grand pouvoir sur nous, n'a en aucun endroit si grand vertu qu'en cecy, de nous enseigner a servir*» (p. 126). Dans la coutume sont inscrits les codes qui règlent les relations des individus au pouvoir. La coutume, nous venons de le dire, évoque l'idée d'une longue histoire, et le fait est que les hommes qui sont nés dans un peuple déjà asservi ne peuvent avoir l'idée d'un autre type de relations politiques. On ne peut reprocher aux individus de n'avoir pas le pouvoir de s'y soustraire : «*je suis d'avis qu'on ait pitié de ceux, qui en naissant se sont trouves le joug au col, ou bien que on les excuse, ou bien qu'on leur pardonne, si n'aians veu seulement l'ombre de la liberté et n'estant point avertis ils ne s'apperçoivent point du mal que ce leur est destre esclaves*» (p. 132).

Mais le pouvoir de la coutume ne tient pas seulement à l'histoire immémoriale qu'elle porte. Il consiste aussi bien dans le fait que, loin de s'user avec le temps, sa vigueur est proportionnelle à la passivité des sujets, que ceux sur qui elle pèse sont capables à tout moment de renforcer son efficacité. Le temps de la servitude est un temps sans mémoire et la servitude recrée sans cesse ses propres conditions (6) . Les hommes sont toujours prêts à se jeter, ou au moins à se laisser aller, dans les bras de celui qui s'offre à leur dévotion : « *le peuple deslors qu'il est assujetti tombe si soudain en un tel et si profond oubli de la franchise [...] qu'on dirait a le voir qu'il a non pas perdu sa liberté mais gaigné sa servitude* » (p. 125). La coutume, en ce sens, n'est rien d'autre que le pouvoir qu'ont les hommes de rendre leur propre souffrance à tout instant familière

Le mal est-il incurable ? La Boétie semble le penser. En tout cas, il n'appelle nullement à la révolte et s'invite lui-même à suivre le conseil des médecins qui recommandent « *de ne pas mettre la main aux plaies incurables* », alors qu' « *il semble maintenant que l'amour de la liberté ne soit pas si naturelle* » (p. 117 ; ce « maintenant » mérite d'être souligné). Le temps des tyrannicides est passé ; les amis de la liberté sont peu nombreux, isolés, réduits à l'impuissance et la dissidence risque bien, désormais, de passer pour folie : « *le bon zele et affection de ceus qui ont gardé maugré le temps devotion a la franchise [...] demeure sans effet pour ne s'entrecongnoistre point [...] ils deviennent tous singuliers en leur fantaisie»* (p. 135). La liberté est, pour le plus grand nombre, un souvenir perdu. Le souvenir est d'autant plus lointain que la distance est devenue plus grande entre gouvernants et gouvernés. La tyrannie vient des villes et c'est à partir d'elles qu'elle tisse ses filets (7). L'État moderne était fort probablement pour La Boétie l'opérateur de ce processus irréversible par lequel la nature humaine s'est trouvée transformée. Car c'est bien d'une transformation, d'une « dénaturation » qu'il s'agit et il y a une aporie du politique qui consiste en ceci que l'intolérable est devenu, avec le temps, irréversible. La question, question critique par excellence, demeure pourtant de savoir si l'intolérable était inévitable.

La dénaturation qu'engendre le politique, La Boétie en parle comme d'un « *mal encontre* » (p. 122), un événement fâcheux, un mauvais hasard – ce moment originel, incompréhensible, inassignable dans le temps dont le mythe de la volonté de servitude tente de rendre compte et que les circonstances n'ont cessé de réactualiser. C'est dire que l'avènement de la servitude et sa perpétuation se situent sous le signe d'une contingence radicale qui justifie l'étonnement, l'indignation et la dénonciation. La sagesse est de penser que tout aurait pu se passer autrement.

Dans et par la servitude, avec la politisation des existences, un lien s'est rompu, le lien avec la nature, et spécialement avec ce que l'homme avait reçu de celle-ci en partage. Toutefois, la question, pour La Boétie, n'est pas de savoir si l'homme aurait pu se dispenser de l'institution du politique, mais bien plutôt de signaler ce qui, dans ce qui constitue son humanité, évoque l'idée d'un chemin différent de celui qu'a emprunté la vie politique. Il ne s'agit pas de défaire ce que l'histoire a fait, même si elle l'a mal fait (La Boétie n'est pas un révolutionnaire). Il ne s'agit pas de restaurer un état de l'humanité antérieur à l'institution étatique (La Boétie n'est pas le penseur des sociétés sans État). Il s'agit seulement, en désacralisant le politique, de le relativiser en montrant qu'un autre univers, qu'un autre système de rapports est au moins pensable. L'entreprise est sans doute purement théorique. Elle ne se donne pas comme la recherche d'une solution au problème de la coexistence. Elle se borne à suggérer l'idée d'une pluralité des solutions possibles de ce problème (et en cela, évidemment, elle se rattache aux question fondamentales de l'anthropologie). Sans prétendre s'opposer à la réalité, sans prétendre dire le possible ni même le souhaitable, la réflexion de La Boétie sur la nature originelle de l'homme fonde cependant la dimension critique de son propos.

L'idée de la nature humaine au nom de laquelle est dénoncée la domination est, en quelque sorte, une idée minimale. Elle ne se réfère à aucune législation naturelle qui s'imposerait universellement à l'humanité (8). Elle n'implique aucune hypothèse sur l'origine et la finalité de l'espèce. Elle consiste seulement dans l'énonciation des caractères propres de l'homme tels qu'ils se laissent encore repérer à travers les déformations que le politique leur impose. Sous la servitude se laisse entrevoir la sociabilité; l'empire de l'imaginaire n'annule pas l'usage possible de la raison; la soumission ne peut pas être confondue avec l'obéissance délibérée.

Nous naissons «*naturellement obéissants aux parents, sujets à la raison, serfs de personne*» (p. 117). Ces caractères, il faut le souligner, renvoient à un état de fait, à un donné initial à partir duquel les hommes définiront, tant bien que mal (et, on le sait, plus souvent mal que bien), les voies et les moyens de leur vie en commun. Car ce donné peut être (et a généralement été) oublié, perdu. Il y a de fait une plasticité de l'homme qui interdit d'attribuer à sa nature une quelconque stabilité. Plus exactement, cette nature est telle qu'il faut aussi lui attribuer la négation du donné initial qui la constitue : « *La nature de l'homme est bien d'estre franc et de le vouloir estre ; mais aussi sa nature est telle que naturellement il tient le pli que la nourriture lui donne* » (p. 133). La culture (la « coutume », la « nourriture »), pour La Boétie comme pour Rousseau, crée les artifices qui rendent de plus en plus difficile – et même, pour le plus grand nombre, pratiquement impossible – toute remémoration de l'usage originaire des facultés. Il n'en reste pas moins que la liberté native que dissimulent l'histoire et la politique nous est commune avec les animaux : « *les bestes qui ancore sont faites pour le service de l'homme ne se peuvent accoustumer à servir qu'avec protestation d'un desir contraire* » (p. 122). Le désir de liberté est ce par quoi se trouve marquée l'appartenance de l'homme à la grande chaîne des êtres de la nature.

Si l'homme a, en tant qu'être naturel, en tant qu'animal, la vocation de renâcler devant toutes les chaînes, cela ne signifie pas que ses caractères propres – la sociabilité, la raison, le langage – le prédisposent à la dénaturation. La Boétie s'attache au contraire à montrer que la liberté de l'homme – cette liberté sauvage et originelle dont nous parlions en commençant et qui demeure, pour l'humanité, une possibilité de raison – implique en fait le meilleur usage de ces caractères. C'est dans l'état où il est le plus proche de ses racines animales que l'homme dispose le mieux des ressources de la raison et de la morale. L' « état de nature » (expression que La Boétie n'emploie pas) est celui dans lequel s'ouvre les plus hautes possibilités pour la culture des individus.

La sociabilité, qui se découvre au sein de la famille, n'est rien d'autre que la possibilité donnée aux individus de nouer entre eux des relations fraternelles. Cette possibilité est inscrite dans notre appartenance à une même espèce: «*la nature [...] nous a tous faits de mesme forme, et comme il semble, a mesme moule, afin de nous entreconnoistre tous pour compaignons ou plutost pour frères*» (p. 118). Cette identité de nature n'exclut pas les différences accidentelles entre individus. Certains sont « plus forts » ou « plus avisez » que d'autres. Mais ces différences elles-mêmes ne justifient nullement l'usage du droit du plus fort. Elles fournissent au contraire l'occasion d'instaurer entre nous des relations d'entraide. Bien plus, pour favoriser de telles relations, nous disposons du don le plus précieux que nous a fait la nature « ce grand present de la voix et de la parolle » (p. 119). C'est par leur pouvoir de communiquer, de se connaître et de se reconnaître les uns les autres que les individus sont frères, et qu'ils sont égaux. La relation sociale authentique est une relation de face-à-face. À cela il faut ajouter que le face-à-face est la condition de la cohérence personnelle de chacun des partenaires. Chacun ne peut communiquer et coopérer avec ses semblables que dans la mesure où il est pleinement lui-même. La sociabilité dont la nature nous donne les moyens ne nous destine pas à une unité de genre humain dans laquelle les individualités s'effaceraient, mais à une « alliance et societe » qui, tout à la fois, supposerait et parachèverait la libre édification des personnalités : « *elle* [la nature] *vouloit pas tant nous faire tous unis que tous uns* » (ibid.). Liberté et sociabilité ne sont donc pas incompatibles puisqu'il n'y a de véritable vie sociale qu'au prix de la liberté de chacun.

Le vrai modèle de la sociabilité, c'est, en fait, l'amitié. «*L'amitié c'est un nom sacré, c'est une chose sainte [...] ce qui rend un ami asseuré de l'autre c'est la connoissance quil a de son intégrité ; les respondens quil en a c'est son bon naturel, la foi et la constance*» (p. 160). Avec elle s'instaurent entre les individus des relations qui représentent une alternative à celles qu'entretient la tyrannie. Alors que, sous la tyrannie, tous les regards sont tournés vers l'image de l'Un et ne peuvent donc se rencontrer, les amis, au contraire, se regardent, se parlent et se connaissent. Alors que le tyran et ses suppôts n'entretiennent que des rapports de méfiance réciproque, le combat pour la liberté a toujours été le fait de vrais amis dont la ferme volonté se nourrissait de la connaissance qu'ils avaient les uns des autres. Les amis choisissent l'échange de paroles contre l'échange d'images. C'est ce qui fait leur force.

Il reste que cet éloge de l'amitié n'est assurément pas en mesure de faire la lumière sur ses propres prolongements politiques. La société des amis ne désigne aucun de ses membres pour occuper le trône du pouvoir (9) . D'ailleurs, la politique de l'amitié, vertueuse et périlleuse n'est et n'a jamais été possible que pour quelques-uns. Pour le plus grand nombre, l'aporie du politique demeure: l'intolérable est effectivement devenu irréversible. Le « *gros populas* » (p. 134) est condamné à cette vie où les individus juxtaposés, indifférents les uns aux autres, s'échappent à eux-mêmes dans la contemplation de l'unité rêvée, faute de vouloir et de pouvoir affronter le regard d'autrui.

Bernard Graciannette
Université Michel de Montaigne-Bordeaux 3

NOTES

1 - Les références renvoient à l'édition du *Discours* publiée par Miguel Abensour, avec de nombreux documents et des essais de Pierre Clastres et Claude Lefort, aux Éditions Payot en 1976.

2 - Le *Discours* fut écrit, selon Montaigne (Essais, I, XXVIII), alors que La Boétie n'avait pas « *atteint le dixhuitiesme an de son aage* », soit au plus tard en 1548. Les spécialistes pensent qu'il fut légèrement remanié vers 1551-1552.

3 - Bernard Edelman, relisant La Boétie à la lumière de Freud, écrit : « *La servitude volontaire est un narcissisme qui a besoin du chef pour exister* » (L'homme des foules, Payot, 1981, p. 142).

4 - Dans l'histoire des théories du pouvoir, La Boétie se situe à la croisée de plusieurs chemins. De la tradition républicaine de l'Antiquité, remise à l'honneur au XVIème siècle (notamment par le Machiavel des *Discours sur la première décade de Tite-Live*), il hérite la référence à une résistance à la tyrannie, possible pour les individus dotés d'une forte conscience de leur appartenance à une cité, à une unité politique dont il faut à tout prix défendre l'intégrité. Mais, même si, selon Montaigne, « *il eut mieux aimé estre nay à Venise qu'à Sarlac* », l'idée de citoyenneté républicaine ne reçoit pas dans le *Discours* de contenu précis. À son époque, en rupture progressive avec la tradition chrétienne, il doit sans doute une conception laïque et naturaliste des rapports politiques – la vie politique comme artefact – liée à une affirmation puissante des droits de l'individu. Mais il n'entrevoit pas encore la solution juridique du contrat comme clé de voûte de la légitimité qu'élaboreront, au XVIIème et au XVIIIème siècle, les théoriciens du droit naturel.

5 - Il importe de souligner que le tyran lui-même et ses complices – c'est-à-dire tous ceux qui participent à la pyramide de l'appareil d'État – occupent des places bien différentes dans l'économie du désir des sujets, et que cette différence est un élément essentiel de la servitude volontaire. En effet, l'investissement du désir dans la personne du tyran est d'autant plus fort et d'autant plus durable que les mécontentements et les protestations que suscitent les exactions du pouvoir s'adressent toujours à ses représentants sans jamais l'atteindre personnellement. En d'autres termes, plus la violence étatique est brutale, plus la haine se concentre sur les membres de l'appareil d'État, mais aussi plus se trouve renforcé *le fantasme du caractère surnaturel du tyran*. « *Volontiers le peuple du mal qu'il souffre n'en accuse point le tyran mais ceus qui le gouvernent ; ceus la les peuples, les nations, tout le monde a l'envi jusques aux paisans, jusques aux laboureurs ils scavent leur noms, il dechifrent leurs vices, ils amassent sur eux mille outrages, mille vilenies, mille maudissons ...* » (p. 163).

6 - Montaigne avait bien compris la leçon de La Boétie – même s'il en tire la conclusion résolument conservatrice de laisser, autant que possible, les choses en l'état : « *Les peuples nourris à la liberté et à se commander eux mesmes, estiment toute autre forme de police monstrueuse et contre nature. Ceux qui sont duits à la monarchie en font demesme. Et quelque facilité que leur preste fortune au changement, lors mesme qu'ils sont, avec grande difficultéz, deffaitz de l'importunité d'un maistre, ils courent à en replanter un nouveau avec pareilles difficultéz, pour ne se pouvoir resoudre de prendre en haine la maistrise* » (Essais, I, XXIII, De la coustume et de ne changer aisément aucune loi receüe, éd. Villey, p. 116)

7 - À la servilité des foules urbaines, toujours prêtes à mordre aux appâts que leur jette le tyran, à lui donner ce qu'il attend d'elles, et plus encore, le provincial La Boétie oppose la relative indifférence de ceux qui, dans les campagnes et les villages, supportent la domi-

nation en proférant des « *maudissons* » contre les séides du pouvoir, mais sans faire plus *qu'on ne leur demande, en obéissant aux ordres sans zèle inutile :* « *Le laboureur et l'artisan, pour tant qu'ils soient asservis, en sont quittes en faisant ce qu'on leur dit ; mais le tiran voit les autres qui sont pres de lui coquinans et mendians sa faveur ; il ne faut pas seulement quils facent ce quil dit, mais qu'ils pensent ce quil veut, et souvent pour lui satisfaire quils previennent ancores ses pensées* » (p. 155).

8 - La réserve à l'égard de l'idée de loi naturelle se retrouve chez Montaigne : « *Mais ils sont plaisants quand, pour donner quelque certitude aux loix, il disent qu'aucunes fermes, perpetuelles et immuables, qu'ils nomment naturelles, qui sont empreintes en l'humain genre par la condition de leur propres essence. Et, de celles-là, qui en fait le nombre de trois, qui de quatre, qui plus, qui moins : signe que c'est une marque aussi douteuse que le reste* » (Essais, II, xii, *Apologie de Raymond Sebond*, éd. cit., pp. 579-580).

9 - Commentant les premières lignes du *Discours* (la harangue d'Ulysse en faveur de la monarchie), Jean-Michel Delacomptée propose une hypothèse suggestive sur la manière dont La Boétie pouvait concevoir l'exercice d'une autorité non tyrannique *«Cette place inoccupée, c'est la suprématie du chef dont Ulysse, confronté à la révolte de l'armée grecque, fait l'apologie, et que La Boetie rêvait de laisser vacante au profit peut-être d'un primus inter pares sur le modèle des présidents de chambre dans les Parlements, système horizontal de compagnons égaux et libres»* (Et qu'un seul soit l'ami: La Boetie, Gallimard, 1995, p. 176).

Pierre Kropotkine et l'Entraide comme facteur de compréhension de l'évolution sociale (1)

> "Ce n'est point dans le choix de nouveaux maîtres qu'est le salut : que chacun reste le maître de soi-même... Ne vous tournez point vers les chaires officielles, ni vers cette bruyante tribune dans la vaine attente d'une parole de liberté. Ecoutez plutôt les voix qui sortent d'en bas, dussent-elles passer à travers les grilles d'un cachot".
>
> Elisée Reclus, Préface à *Paroles d'un Révolté* de Kropotkine (Maspar et Flammarion, 1885)

Durkheim a eu souvent l'occasion de rappeler que, selon lui, les Sciences sociales devaient être une éducation civique, leur fonction étant d'éducation tout autant que d'enseignement. Pour le fondateur de l'Ecole Sociologique française comme pour ses collaborateurs, il n'y avait aucune ambiguïté à se pencher sur le fait social dans le dessein plus ou moins avoué d'améliorer la condition humaine par la maîtrise des lois qui régissent le fonctionnement du système social. Dès l'Ecole

Normale, Durkheim avait ressenti le caractère pressant de la question sociale et c'est pour tenter de la résoudre qu'il voulait construire une sociologie véritablement scientifique qui soit autre chose qu'une idéologie, puisque, comme il l'écrivait *"le socialisme n'est pas une science, une sociologie en miniature, c'est un cri de douleur"*(2).

Tout un groupe de sociologues, socialistes, mais non marxistes : Mauss bien sûr, mais aussi Herr, Fauconnet, Hertz, Simiand, Lévy-Bruhl ont participé avec lui à la vie politique de leur époque. Refusant aux guesdistes le primat exclusif de l'économie et la stricte application de la théorie de la lutte des classes, ce groupe préfère défendre la justice et le droit au nom d'une morale "scientifique". Pour eux le socialisme ne se ramène pas à un simple problème économique, mais a sa source dans la recherche toute morale qui débute avec la Révolution Française. C'est, écrit Mauss, *"comme une nouvelle manière de voir, de penser et d'agir"*... qui vise *"un nouveau droit... une nouvelle échelle de valeurs "*(3). Ses membres comme s'en souvient Charles Andler (4) *"cherchaient un fondement au socialisme jusque dans la sociologie"*.

Le propos de notre communication est donc de faire le point, dans cette optique sur la place, le contexte et l'intérêt d'une oeuvre encore largement méconnue, celle d'un prince savant polymorphe, mais aussi d'un authentique révolutionnaire libertaire, Pierre Kropotkine, qui a contribué à la mise en place de cette problématique sans qu'elle lui soit toujours clairement attribuée.

Né en 1842 dans une famille de l'aristocratie terrienne, il renonca très vite à la Cour et aux armes. Témoin du réveil libéral et radical à la mort de Nicolas 1er, il est marqué par les vastes espaces de la Sibérie, lors de ses explorations de la région de l'Amour, à la tête de son régiment de Cosaques, au moment où il découvrait Proudhon et ses Contradictions Economiques et le renouveau des Sciences naturelles avec Darwin. En arrivant à Irkoutsk, Kropotkine, aide de camp, trouva chez son Chef d'Etat-Major, B.K. Koukel, Gouverneur de Transbaïkalie *"les collections complètes des publications révolutionnaires de Herzen éditées à Londres "*. En plein accord avec lui, il élabora des plans de réformes sur les *"bases largement libérales posées par l'Empereur dans ses manifestes"*. Très vite, à la suite du soulèvement de la Pologne en 1863, la réaction, reprenant le dessus et atteignant la Sibérie, les fait renoncer à ces projets réformistes, en particulier ceux concernant le système carcéral et d'exil et la préparation de l'autonomie de la ville de Tchita. Il se consacra alors à parcourir la vallée de l'Amour dans l'été 1863 comme adjoint d'une mission de ravitaillement du bas-fleuve de Blagovechtchensk jusqu'à Kara sur la Chilka, puis à Tchita. Il organisa en 1864 une expédition semi-clandestine pour redécouvrir une vieille route chinoise plus rapide que l'Argougne non navigable pour accéder à la région moyenne de l'Amour par Merghen sur le Nonni, affluent du Soungari lui-même affluent de l'Amour. A la même époque, il rencontre Raphaël Pumpelly (5) et Adolphe Bastian, *"les deux seuls hommes de science qui aient visité notre capitale* (Irkoutsk) *pendant notre séjour"* En 1865, il explore à des fins scientifiques la région montagneuse de Sayan entre Sibérie et Mongolie et en 1866 grâce à "une carte qu'un Toungouse avait tracée avec son couteau sur un morceau d'écorce" et à un vieux chasseur yakoute comme guide, il découvre une communication directe entre Yakoutsk sur la Léna et Tchita pour ravitailler les chercheurs d'or de la province. C'est à cette occasion qu'il parcourt le plateau de Patom entre la vallée la Lena et celle de son affluent, le Vitim (6) .

Les recherches qu'il y entreprit furent surtout géologiques et géographiques, concernant en particulier la structure du globe, apportant des preuves à la théorie de la glaciation quaternaire et à l'établissement de la direction des plis montagneux de l'Asie (non du Sud au Nord, mais du Sud-Ouest au Nord-Ouest). Il s'intéressa aux modes de vie des Bouriates, des Yakoutes et des Toungouses de ces régions et surtout aux changements liés à l'exploitation des mines d'or (7), changements altérant l'écologie et l'économie générales, mais entraînant aussi une sédentarisation des populations nomades dont le rapport à la nourriture, à l'argent, à la bonne santé se modifiait, en même temps que la paupérisation de la majorité de leur membres s'accentuait, même si, selon Kropotkine, les indigènes exagéraient les difficultés de vie des travailleurs miniers pour tenter de limiter la main mise des Russes sur cette région.

De retour à St Pétersbourg, déçu par le manque de perspectives politiques de la politique d'Alexandre II et malgré l'intérêt scientifique qu'il y aurait eu à l'accepter, il refuse en 1871 le poste de secrétaire de la Société de Géographie (8). Il voyagea ensuite beaucoup en Europe, surtout d'exil en exil, après avoir connu la prison en Russie -dont il s'échappa- et en France. Lors de sa libération en 1886 de la centrale de Clairvaux, il passa quelques semaines avec Elie Reclus, fouriériste convaincu, qu'il qualifie d'anthropologiste remarquable -à ne pas confondre avec son frère cadet Elisée, le géographe-. Elie, de retour de l'exil que lui avait valu son acceptation du poste de conservateur de la Bibliothèque Nationale et du Musée du Louvre sous la direction de Vaillant, lors de la Commune, avait repris son oeuvre d'ethnographe en particulier par des publications comme *Les Primitifs* (1885), *Les Australiens*, *L'origine des Religions* (9). Kropotkine le jugeait sur ce dernier sujet supérieur à Spencer parce qu'il possédait une connaissance profonde d'une branche de la psychologie des peuples, celle de l'évolution et de la transformation des croyances religieuses. Il rentra en Russie lors de la Révolution de 1917, pour y mourir en 1921, bien qu'il eut toujours déploré l'arrêt que le marxisme, selon lui, avait mis à l'élaboration de l'idée révolutionnaire. A cette époque son grand projet, comparable à celui des tenants de l'Ecole sociologique française, était son *Ethique*, paru inachevé après sa mort, et qui, selon lui, aurait du être son grand oeuvre.

Il employa divers cheminements pour diffuser ses idées, mais pour ce qui intéresse notre propos, c'est dans la grande revue anglaise *Nineteenth Century* qu'il
retraça la place de l'anarchie dans la nature, non point l'anarchie féroce de la lutte
pour la vie, mais l'anarchie altruiste et solidariste de l'entraide. Ses articles de
1890 à 1896 firent l'objet d'un livre du même titre publié en 1897 à Londres, et
traduit en 1906 à Paris.

Comme les socialistes de l'Ecole française de Sociologie, Kropotkine naturaliste
et géographe était convaincu que ses théories sociales devaient s'appuyer sur les
fondements de la Science de son époque. Ayant passé cinq ans en Sibérie à observer le monde environnant tant sous ses formes naturelles que sociales, et à s'y
documenter, il en était venu à concevoir, avec un Darwin, et en dépit des disciples
impétueux de ce dernier, que la sélection, la lutte pour la vie n'était pas le seul
facteur et, en tous cas, pas le plus important dans l'explication de l'évolution. A
côté du spectacle d'une jungle sauvage où seuls auraient survécu les plus aptes et
les plus forts de chaque espèce naturelle, il montra à partir de ses enquêtes en
Sibérie orientale que la sélection naturelle pouvaient s'appuyer bien davantage sur
la coopération spontanée que sur la concurrence sauvage. Sans nier la lutte à l'intérieur du règne animal, il pensait que la dépendance réciproque, l'entraide "*était
un facteur essentiel dans l'évolution progressive*". Ce principe "naturel", selon lui,
devait s'appliquer également au traitement de l'humanité.

Déjà, dans ses *Mémoires*, on le sent sensible, tout enfant, à la fraternité "naturelle" développée au sein de la paysannerie russe, puis plus tard, à la coopération
observée entre les colonies Doukhabor et les tribus indigènes. C'est pourquoi, lors
de son séjour en Sibérie, il en vient à renoncer à l'idée d'un Etat centralisé, agent
de réformes sociales au profit de la création spontanée des petites communes
d'inspiration libertaire (10). Son séjour au Jura suisse auprès des petites communautés d'horlogers le conforta dans cette idée dont il prétendit trouver des
exemples dans l'histoire de l'Humanité et de la Nature. Solidarité et fraternité
l'emportent sur la volonté égoïste et individualiste : ce sont là les facteurs essentiels du progrès et de la survie de l'espèce humaine. Loin de lui la thèse de Hobbes
selon laquelle l'homme est un loup pour l'homme et que chacun est en guerre
contre chacun. Loin de lui, les thèses du marxisme hegelien du conflit comme
moteur du processus historique. Dans ce cadre, la Révolution ne pouvait que
consister dans la mise au ban des pseudo-fonctions sociales de l'Etat au bénéfice
des groupements sociaux "naturels" volontairement constitués. Le bonheur de
l'homme ne réside que dans l'épanouissement de ses tendances naturelles à la solidarité, dans une heureuse conjonction du travail intellectuel et du travail industriel
et agricole (11).

On a trop souvent reproché aux théories anarchistes l'exaltation frénétique de l'individu et l'affirmation des droits absolus du Moi qui, à première vue, semblent tout à fait incompatibles avec la nécessité de la vie en société. Ce que les partisans de "l'en dehors" n'ont effectivement pas su toujours voir, c'est que l'affirmation des droits du moi va de pair avec un accroissement de la responsabilité individuelle. A Stirner ou à E.Armand, on peut très facilement opposer Godwin et Proudhon dont la pensée morale débouche même sur un certain puritanisme. A tout prendre, Stirner lui-même, dans sa morale de la jouissance personnelle, vise avant tout à révéler à l'individu sa structure originale quasiment proche d'une construction esthétique pour qui l'esclavage du vice tout autant que celui de la vertu bourgeoise apparaît également réducteur du moi authentique. On ne doit voir dans les ardeurs de ces extrémistes de l'individualisme, qu'une saine réaction au mythe du déterminisme social, marqueur, pour beaucoup de penseurs de l'époque, de la déshumanisation de la civilisation moderne positiviste. Ce que voulaient des penseurs comme Kropotkine et ce que pratiquait alors une grande frange du prolétariat, c'était, en fait, la recherche de son propre salut par un travail de perfectionnement et d'affranchissement qu'on devait pratiquer sur soi, d'où les Universités populaires, les sociétés mutuelles, la fierté des traditions ouvrières, etc...Comment alors une société, constituée de moi convaincus de leur souveraineté et de leur originale dignité, peut-elle se concevoir, sur quoi alors fonder le contrat social ? Déjà Stirner considère que le respect par chacun de sa liberté et de sa diversité implique le respect de celles de l'autre, donc la pratique de la tolérance. Proudhon croyait à l'équilibre des différents moi antagonistes. Kropotkine, qui nous intéresse ici, trouvait une adéquation entre l'égoïsme naturel et l'altruisme nécessaire dans les ressources mêmes de la Science qui offrait un support à une théorie libertaire de la solidarité universelle à partir de la théorie évolutionniste d'un Darwin, bien resituée et bien comprise.

Un Darwin bien compris ? En effet, pour le sens commun, Darwin est reconnu comme celui pour qui l'existence est marquée par la lutte de chacun pour soi : sans le secours de moyens surpranaturels, l'homme ne peut parvenir à asseoir la solidarité et l'entraide nécessaires à sa vie sociale. Lors de son séjour londonien, Kropotkine s'intéressa à la juste compréhension de la formule de Darwin : "*la lutte pour l'existence*" dont un disciple, parmi les meilleurs, de ce dernier, Huxley tirait, avec d'autres des conséquences fâcheuses et même fausses (12). Ce problème l'avait déjà occupé à Clairvaux. Il voulait réviser cette formule "*en elle-même et dans son application aux affaires humaines*". Le point de départ de sa réflexion trouva son origine dans une conférence faite par un zoologiste russe, le professeur Kessler, où ce dernier prétendait : "*l'appui naturel est aussi bien une loi de la nature que la lutte réciproque, mais pour l'évolution progressive de l'espèce, la première est de beaucoup plus importante que la seconde*". S'appuyant sur Kessler et ses exemples, tirés de Sievertsov, il présenta ses objections à l'article "atroce", selon lui, d'Huxley *The struggle for Existence: a program* (1888). Pour déplorer ce "cri de guerre: "malheur aux faibles", élevé à la hauteur d'une loi naturelle consacrée par la science... devenu un article de foi". Encouragé (13) par

H.W. Bates, l'auteur du Voyage dans la région de l'Amazonie sur les exemples
duquel Darwin avait fondé ses propres généralisations, il entreprit des recherches
pour se *"familiariser avec les institutions de la période barbare et celles des cités
libres, ... au rôle joué par l'Etat durant les trois derniers siècles... L'étude des institutions de secours mutuel aux différents âges... m'amena à rechercher comment
s'est produite dans l'humanité l'évolution des idées de justice et de moralité."*(14)

En effet, l'expression "lutte pour la vie", selon le biologiste marxiste Marcel
Prenant (15) est pleine d'arrière-pensées si on la prend dans un sens courant et
non comme le voulait Darwin lui-même dans un sens "large et métaphorique"(16). On évite ainsi une caricature de Darwin que certains se sont plus à
déformer tout comme d'autres l'ont fait à propos de la *Descendance de l'Homme*,
en prétendant y retrouver une origine simienne directe de l'humanité. Kropotkine
résout cet apparent paradoxe en opposant *L'origine des espèces* au livre qui le suivit : *La descendance de l'Homme* où Darwin montre qu'au sein d'une même espèce se développe un sentiment de solidarité nécessaire à sa conservation et à sa
prospérité. Le sous-titre même de l'ouvrage capital de Darwin, L'origine des
espèces, est éclairant à ce sujet : *"sur l'origine des espèces par les moyens de la
sélection naturelle ou la conservation des races favorisées dans la bataille pour
la vie"*. Ce qui veut dire que le processus à l'origine des espèces, c'est la sélection
naturelle, le moyen de la sélection naturelle, la lutte. Si la lutte est indubitable et
inévitable dans la nature, la vie nécessite néanmoins des associations comme
conditions de son maintien. Henri Neuville (17) commentant la réédition en 1938
de *l'Entr'aide* et prolongeant la pensée de Kropotkine écrit : *"Si, dans la nature,
même la plus sauvage, la lutte règne, elle s'accompagne non moins manifestement de faits d'association, d'entr'aide et la lutte extérieure pour la vie, détermine dans un même groupe d'êtres, l'association pour la lutte où les effets de la solidarité ainsi constituée s'avèrent plus fructueux, plus progressifs dans l'évolution
d'une espèce que ne le serait la lutte au sein de celle-ci, si toutefois la nature en
offrait des exemples"*. La lutte existe peut-être bien entre les espèces, mais le fait
qui l'emporte sur tous les autres, c'est l'entraide. C'est de cet instrument "naturel"
chez l'animal qu'est issue la conscience morale de l'homme. Ni les dieux, ni les
religions ne sont alors nécessaires pour expliquer la morale désintéressée et géné-
reuse des théories anarchistes, forme primaire du socialisme puisque l'entraide,
manifestée scientifiquement dès les stades inférieurs des processus naturels, par
son propre développement, *sponte sua*, se tranforme en justice puis en amour et
en générosité. Par ce biais, c'est la nature humaine elle-même qui produit dans le
cadre de ce matérialisme la morale de l'Humanité sans avoir à en appeler à une
puissance transcendante ni même au principe trop psychologique et utilitariste de
sympathie à la manière de A. Smith ou de D. Hume (18). En fait, Kropotkine et
Darwin ne se sont jamais opposés et ne sont pas opposables : il n'y a pas contradictions entre la lutte inévitable et l'entraide nécessaire, chacun apportant sa part
à l'étude de ces phénomènes qui, loin d'être contradictoires, sont complémen-
taires.

Quand Darwin publie *"L'origine des espèces"* en 1859, il marqua autant les sciences naturelles que la pensée philosophique. Ce qui, dans cette théorie, avait attiré des penseurs révolutionnaires comme Marx, Kropotkine ou Reclus c'était le fait que les privilèges sociaux ou politiques, assurant l'oppression immémoriale qui, s'appuyaient auparavant sur des justifications religieuses se trouvaient par là même mis en examen critique par des arguments non plus seulement philoso-phiques mais "scientifiques" arguments qui n'étaient, comme l'écrit J. Ruffié (19), que *"la traduction, sur le plan biologique, de la situation sociologique du début de l'ère industrielle"*.

En commençant dès 1883 ses recherches sur ce nouveau facteur d'évolu-tion, la coopération, Kropotkine s'opposait à ce qui était devenu, à tort ou à rai-son, la nouvelle vérité à la mode, de la science de cette époque. Il se heurtait, en effet, à cette idée devenue alors en un sens commune selon laquelle la concur-rence était l'unique facteur de l'évolution comme le manifestait le livre d'un Huxley (20). Abandonnant l'idée de puiser dans des soi-disant sentiments d'amour ou de parenté pour expliquer les faits matériels et sociaux coopératifs, il recher-cha un facteur d'évolution en dehors de la simple agressivité animale prônée par le darwinisme qui, à cet égard, après avoir démonté les fondements de la société victorienne et ses justifications religieuses, ne faisait à son tour que justifier idéo-logiquement, par le biologique, le statut social des praticiens de la science qui en tiraient bénéfice.

Ce facteur nouveau se trouvait corroboré, d'après lui, par des études comme celles de E.Rabaud (21) qui parlait d'appétition sociale ou d'interattractions pour dési-gner cet intérêt natif que les congénères auraient les uns envers les autres ou celle de R. Tocquet (22). Bien sûr on ne saurait en 1995 faire grief à Kropotkine d'igno-rer des distinctions apportées depuis par la génétique et l'ethnologie qui lui auraient évité, peut-être, des assimilations trop rapides entre les sociétés d'in-sectes, de primates et d'humains, entre celles, qui usent de comportements orga-niques innés et d'autres qui sont fondées sur des comportements culturels acquis. Heureusement, dans son livre, Kropotkine n'est pas tombé directement dans le travers qui eût consisté à transposer une prétendue biologie sur une prétendue sociologie comme tant d'auteurs s'y sont employés. Au contraire, il étudia l'espè-ce humaine de manière spécifique en propre. Alors qu'il ne faisait que rapporter des faits biologiques sans tomber dans aucun sentimentalisme, insistant par a priori sur la sociabilité animale (23), il pouvait parler des hommes avec une plus grande compétence personnelle. A cet endroit, on ne saurait trop lui reprocher sa division de l'espèce humaine en sauvages, barbares et civilisés, lieu commun de son époque. Quoi qu'il en soit, il est cependant convaincu que *"la sociabilité a certainement son origine au plus bas, depuis l'évolution du règne animal, peut-être même dans les colonies animales"*. L'entraide, lui paraît ainsi facteur pro-gressif et la lutte un facteur répressif.

Toutefois, l'ambition, modérée, de Kropotkine n'était pas de prétendre que l'entraide est inconditionnellement le seul facteur sélectif de l'évolution, mais simplement d'accorder au comportement coopératif la place qui doit lui revenir, à côté d'autres. C'est sans doute, grâce à son oeuvre novatrice que nous sommes mieux à même de penser, de nos jours, que le fonctionnement des unités sociales n'est pas seulement de nature agonistique mais surtout d'échange (24). Partant d'un point de vue biologique, Kropotkine va se transformer en anthropologue et en historien pour voir comment le comportement coopératif a permis l'évolution des formes sociales de l'homme en manifestant les diverses réalités qu'a revêtues jusqu'à nos jours la relation coopérative. Dans ce domaine, en dépit de ceux, rares, qui de Leroi-Gourhan (25) à Clastres (26) et à Lapierre (27), se sont essayés à comprendre la mise en système des relations d'altruisme et de leur destruction ou altération éventuelle par le pouvoir politique, -alors que Kropotkine ne pouvait à son époque que de tenter de les décrire-, il faut bien se rendre compte que les idéologies majoritaires, de droite comme de gauche, sont souvent muettes, quand ce n'est pas franchement hostiles à ce type de démarche qui ne semble appartenir qu'à une philosophie et à une pratique libertaires.

Sans vouloir ici approfondir des réflexions épistémologiques sur les relations entre les idées politiques des chercheurs, leurs thématiques et leurs méthodologies, il semble bien qu'on puisse pourtant affirmer, et ce, contre un certain idéalisme et rationalisme ambiant, que bien souvent, ce sont les convictions politiques conscientes ou inconscientes qui les poussent sur telle ou telle voie et non pas une belle analyse purement scientifique et critique qui ne viendrait qu'après coup et serait en l'occurence que *flatus voci*. C'est sans doute la pensée et les sentiments anarchistes de Kropotkine qui l'amenèrent à entrevoir, puis à tenter de justifier, ici un nouveau territoire et de nouvelles lois (28). Face au même problème, l'étude des facteurs de la sélection naturelle, des chercheurs restés d'inspiration bourgeoise, comme Darwin, -et surtout ses continuateurs- à l'abri des préoccupations matérielles ont plutôt développé une étude de l'agressivité et de la concurrence qui pouvaient justifier leurs idéaux politiques tandis que Kropotkine en fonction de son enfance bercée par le libéralisme de ses précepteurs français et de son parcours personnel, se tourna plutôt vers la théorie de l'entraide qu'appelaient ses idéaux libertaires éprouvés sur le terrain sibérien comme sur celui de la Fédération jurassienne.

Ne soyons cependant pas dupes des erreurs et des conclusions hâtives où parfois il aboutit, entraîné par son optimisme exagéré en la bonté de l'humanité. Cependant sa direction de pensée, tout en manifestant l'excellence de son caractère et ses mérites de premier pionnier jusque dans ses errements-, a permis d'élargir tant soit peu une voie vers la vérité et vers la moralité.

Parmi les travaux contemporains qu'il utilisa dans ce contexte on peut citer : V. Espinas (29) *Les sociétés animales*, Büchner *Liebe und Liebes-Leben in der Thierwelt* (1885), *Aus dem Geistasleben der Thier* (1877), une conférence de J.C. Lanessan (*La lutte pour l'existence et l'association pour la lutte*) en 1881, publiée en 1882. Pourtant, il s'en distingue en refusant de fonder l'entraide sur un sentiment moral préexistant. C'est au contraire, le sentiment moral qui est fondé sur la conscience instinctive de la solidarité. En ce qui concerne l'homme, et contre Herbert Spencer, il montre que la formule d'Hobbes *homo lupus homini* n'est pas du tout confirmée. Les "sauvages" et les "barbares" à l'époque des clans, puis l'homme des Communes, ont réalisé un grand nombre d'institutions d'entraide essentielles dont on retrouve les héritages jusqu'à notre époque contemporaine. C'était là un thème sur lequel des auteurs comme H.Drummond, A. Sutherland et F.A. Giddings (*Principles of Sociology*, 1896) se rapprochaient de Kropotkine

Les thèses de l'Entraide

Le titre de son livre lui fut suggéré par Elisée Reclus. Sur les huit chapitres de son livre, *L'entr'aide*, Kropotkine en consacre deux aux animaux et huit à l'espèce humaine. Dans ces deux chapitres il rapporte surtout d'ailleurs des faits recueillis par d'autres dont il a choisi avec soin les références. En premier lieu Kessler, Menzlir, Brandt du côté russe, mais aussi pour le reste des zoologistes européens Huber *Les fourmis indigènes* (Genève 1861) et *Recherches sur les fourmis* (Genève 1810)", Forel Lubbock, Adlerz, Fabre *Les souvenirs d'un entomologiste*,(Paris, 1879, 8 vol.), Maeterlinck. Il trouve même dans les oeuvres de Darwin des faits qui corroborent sa thèse qui se présente à la limite comme un point de vue nouveau de la théorie darwinienne.

D'autres aspects de la vie animale concernant l'entraide entre animaux de même espèce lui ont été révélés durant sa jeunesse en Sibérie orientale et en Mandchourie septentrionale. Ainsi les obstacles naturels à la surmultiplication (froid par exemple) sont plus importants que la concurrence pour la nourriture et la vie. Là où il y a abondance d'une espèce (rongeurs, oiseaux, chevreuils, chevaux, écureuils) l'entraide est néanmoins présente : si la famine s'installe, tous les individus en sortent diminués : en dépit de leurs différences d'aptitudes, la compétition qui s'ensuit n'a aucun effet évolutif progressif.

En analysant les thèmes évoqués dans cet ouvrage nous ne pouvons ici qu'évoquer pour mémoire le détail des exemples concrets tirés de son savoir zoologiste de la fin du XIXème siècle pour nous attarder un peu plus sur les considérations générales qu'il en tire pour sa thèse.

Il rappelle combien Darwin mettait ses continuateurs en garde contre l'erreur d'exagérer la portée de la signification restreinte de son expression "*lutte pour l'existence*" quand il précisait qu'il fallait la prendre en un "*sens large et métaphorique comprenant la dépendance des êtres entre eux et comprenant non seulement la vie de l'individu mais aussi le succès de sa progéniture*" (30) et quand il revenait sur ce sens large dans *The Descent of Man* en montrant combien et comment la lutte est remplacée par la coopération en vue d'assurer à l'espèce les meilleures conditions de survie : les plus aptes ne sont ni les plus forts, ni les plus adroits mais ceux qui ont appris à s'unir : "*les communautés qui renferment la plus grande proportion de membres le plus sympathiques, les uns aux autres prospèrent le mieux et élèvent le plus grand nombre de rejetons*"(31). Darwin lui-même tempérait donc, sans toujours être entendu, le zèle de ses disciples pour qui le cri de "*Malheur aux vaincus*" s'avérait le dernier mot de la biologie moderne réduisant le monde animal à un combat de gladiateurs. En vérité, pour Kropotkine, les animaux les mieux adaptés sont bien les animaux qui ont acquis des habitudes d'entraide : des nécrophores aux oiseaux et jusqu'aux mammifères, on en a des exemples nombreux jusqu'à ses propres observations, faites avec le zoologiste Poliakoff dans la région du Vitim, sur la dépendance mutuelle et réciproque des carnivores, des ruminants et des rongeurs en ce qui concerne leur distribution géographique. Il parle même de la possibilité d'observer "*des faits d'assistance mutuelle inconsciente parmi les micro-organismes*". "*Les fourmis et les termites ont répudié la "loi de Hobbes" sur la guerre et ne s'en trouvent que mieux*" (32)déclare t-il. De même à propos des instincts anti-sociaux des abeilles mellifères, il écrit: "*les plus rusés et les plus malins sont éliminés en faveur de ceux qui comprennent les avantages de la vie sociale et de soutien mutuel* " (33). Il rappelle les associations du mâle et femelle pour élever leurs petits, la sociabilité des oiseaux de proie. Il tombe parfois dans un anthropomorphisme qui peut sembler un peu sommaire quand il considère les querelles au sein des communautés animales pratiquant l'aide mutuelle, comme quelque chose de très naturel à l'instar de ce qui se pratique "*même entre les meilleurs amis*"(34).

Bref, "*l'association se rencontre dans le monde animal à tous les degrés de l'évolution... elle est à l'origine même de l'évolution dans le règne animal. Mais à mesure que l'évolution progressive s'accomplit, nous voyons l'association devenir de plus en plus consciente. Elle perd son caractère simplement physique, elle cesse d'être uniquement instructive, elle devient raisonnée*" (35). Il termine ces deux chapitres consacrés à l'entraide chez les animaux par une conclusion poétique et presque mystique, si sous sa plume, ce qualificatif ne jurerait, quand il signale que les animaux, des castors aux fourmis, font tout pour éviter la compétition "*Pas de compétition ! la compétition est toujours nuisible à l'espèce et il y a de nombreux moyens de l'éviter*". Telle est la tendance de la nature, non pas toujours pleinement réalisé, mais toujours présente. C'est le mot d'ordre que nous donnent le buisson, la forêt, la rivière, l'océan. Le "*Réunissez-vous ! Pratiquez l'entr'aide, c'est le moyen le plus sûr pour donner à chacun et à tous la plus grande sécurité, la meilleure garantie d'existence et de progrès physique, intellectuel et moral* " (36).

Il va ensuite s'intéresser au développement de son principe dans les divers stades de l'humanité tels qu'on les concevait à partir de la littérature de l'époque.En effet, les mêmes facteurs qui ont joué un rôle dans l'évolution du monde animal se retrouvent dans l'évolution de l'humanité : les espèces non sociables dépérissent, les espèces sociables prospèrent. Les hommes ne font pas exception à cette règle générale. Examinant d'abord ce qu'il appelle les sociétés sauvages, il critique les auteurs trop pessimistes ou ceux qui se fient aux annalistes, seulement attentifs déjà aux "scoops" médiatiques que sont les guerres, les cruautés, les oppressions. On ne peut en conclure, à partir de ces derniers que l'humanité n'est *"qu'une agrégation flottante d'individus toujours prêts à combattre l'un contre l'autre"* dans cet état, dit de manière impropre, de nature. Hobbes est l'un de leurs représentants caractéristique. Pour les contrer, il s'appuie sur tous ces excellents esprits que la *"science consacrée à l'embryologie des institutions humaines"* de son époque a pu produire: Bachofen, Mac Lennan, Morgan, Tylor, Maine, Lubbock. Leur principal mérite selon lui est d'avoir montré que l'humanité, bien loin d'avoir commencé par des familles restreintes et temporaires a vécu d'abord sous forme de larges tribus. Ce n'est que par une évolution lente qu'on est parvenu à la et au clan avant d'arriver ensuite à la famille polygame, puis monogame. Avant de vivre en famille, les hommes comme les autres espèces animales ont vécu en sociétés ou en bandes. Il utilise tous les résultats de la paléo-ethnologie de son époque, vouée à l'évolutionnisme qui permet de se rendre compte combien Kropotkine était informé des dernières interprétations des récentes découvertes paléolithiques, en particulier, en Dordogne et au Danemark ou en Suisse, qu'il cite selon les meilleures sources.

Tout ce qu'il prétend en tirer, c'est l'opposition des faits ainsi rassemblés aux spéculations de Hobbes. Partout l'homme préhistorique semble avoir vécu en sociétés nombreuses et non en petits groupes familiaux restreints. Ce point est complété par l'observation directe des tribus "primitives" qui seraient, selon la thèse alors en vigueur, au même niveau de civilisation : les Esquimaux, les Australiens, les Papous, les Fuegiens, les Bushmen. Chez ces populations, ce qui le frappe, à partir des travaux qu'il a lus de Bachofen (1861), de Morgan (1877), de Mac-Lennan (1886), Fison et Howitt et d'autres, c'est que la famille telle que nous la connaissons y est à peine en germe, que la société est organisée plutôt en *gens* et clan et qu'antérieurement même elle a débuté par un *"mariage communal"* avant que ne s'imposent des prohibitions claniques.

Il en ressort, selon lui, l'idée très civile que l'humanité primitive est bien loin d'être un *"agglomérat désordonné d'individus obéissant seulement à leurs passions individuelles et tirant avantage de leur force et de leur habileté individuel-*

le contre tous les autres représentants de l'espèce". L'individualisme effréné est une production moderne et non une caractéristique de l'humanité primitive"(37).

Ce que nous savons de leur système matrimonial *"communal"* est corroboré par leurs habitudes de chasse et de partage du butin, de leur solidarité avec leurs camarades blessés, leur goût du partage des biens: *"un hottentot ne peut manger seul et quelque affamé qu'il soit, il appelle ceux qui passent près de lui pour partager sa nourriture"* (38) écrit-il, en exemple particulier. Ce, nonobstant le faible degré de développement technique auquel par ailleurs ils sont parvenus, on observe partout une sorte de communisme ou plutôt de communialisme libertaire qui assure la paix sociale et même un certain bonheur de vivre. Le malheur, note-t-il, intervient avec l'arrivée des Blancs et le début du sens de la propriété individuelle et de l'accumulation de richesses contraires à l'unité de la tribu qu'ils ont apporté avec eux. Devançant Mauss, en s'appuyant en particulier sur les travaux de Dall (39) et Rink (40), il rappelle comment ces "primitifs" réduisent cependant les dangers d'une telle accumulation par l'organisation de fêtes où les mieux pourvus doivent distribuer leur richesse, *"adressant quelques mots à leurs clans disant que bien qu'ils fussent maintenant plus pauvres qu'aucun d'eux, ils avaient gagné leur amitié"*(41). Cette distribution est un moyen de rétablir l'égalité tout comme la destruction lors d'un décès des biens personnels du défunt à l'exception des biens communs auquel il avait droit. Il ajoute à ces remarques maints traits de moralité universelle de ces populations primitives et de leur tendresse les uns envers les autres, comme le cas de ces femmes des Nouvelles Hébrides qui se tuent pour pouvoir prendre soin d'un enfant particulièrement aimé dans l'autre monde...

Une telle approche lui permet de "comprendre" même l'infanticide, si choquant à nos yeux, puisqu'il correspond à une nécessité sociale. Il propose qu'au *"lieu de moraliser les "sauvages" par les sermons, les missionnaires feraient mieux de suivre l'exemple de Veniaminoff* (42) *qui...les approvisionnant de pain et d'instruments de pêche... arrive... à supprimer complètement l'infanticide"*. Les mêmes arguments valent pour le parricide où l'on voit le vieillard qui demande lui-même à mourir au titre d'un dernier devoir envers la communauté au nom de l'entraide entre les membres d'une société. La vengeance par le sang et le cannibalisme font l'objet d'un même traitement. Dans ce dernier cas, en face des épreuves naturelles qui sont à la source de cette règle "pratique", les Européens dans les mêmes circonstances... y ont eu eux-mêmes recours.A partir de ces exemples, il constate, en le déplorant, l'incommunicabilité des cultures : *"Le fait est qu'un sauvage élevé dans les idées de solidarité de la tribu... est incapable de comprendre un Européen "moral" qui ne connaît rien de cette solidarité, tout comme la plupart des Européens sont incapables de comprendre le "sauvage"*. Il propose pour la vaincre des expériences participantes: un sauvage séjournant chez nous nous comprendrait mieux, un savant européen vivant dans une tribu de chasseurs affamés comprendrait mieux les mobiles des sauvages.

Toutes ses analyses vont dans le même sens que certaines de celles de Darwin quand celui-ci voyait dans les qualités sociales de l'homme le principal facteur de son évolution ultérieure *"qui l'amenèrent à donner son appui à ses semblables et à recevoir le leur"*(43). Aussi éloigné des faux vulgarisateurs de Darwin que des idéalistes du XVIIIème siècle, Kropotkine affirme que *"le sauvage n'est pas un idéal de vertu, mais il n'est pas non plus un idéal de sauvagerie"*(44). Ce dernier identifie sa propre existence avec celle de sa tribu : chacun de ses actes concerne tous les autres membres de sa communauté. Quelles que soient les atteintes ou dégradations que cette solidarité a pu recevoir au cours des âges, partout les groupes sociaux se sont efforcés de maintenir l'unité de leur tribu tout comme l'Esquimau ou l'Indien, qui par le potlatch, s'efforce de réunir ceux que l'accumulation de richesses a pu séparer. Chaque état social tend à maintenir et à développer ce trait en dépit des mouvements contraires, car là est le sens de la vie sociale et son progrès.

C'est cette même thèse qu'il va développer à propos du stade "barbare" de l'humanité qui très souvent est présenté, à tort, comme une époque où tous les anciens liens sociaux seraient détruits par des luttes et des conflits chaotiques. Pourtant, si on abandonne ces idées préconçues liées à la prédilection des annalistes pour les aspects dramatiques de l'histoire, on s'aperçoit qu'il existe des preuves de la permanence de nos instincts et nos moeurs sociaux. En portant attention à la vie des masses elles-mêmes dans leur quotidien, et pas seulement aux hauts faits guerriers, on retrouve le cadre des institutions qui maintenait unis les membres de ces sociétés.

Selon Kropotkine, c'est une cause naturelle, le dessèchement général de la planète, qui serait à l'origne de l'abandon par les populations sauvages de leurs terres traditionnelles les conduisant à se mêler à d'autres en modifiant leurs institutions sociales initiales. Il en résulta une division plus importantes des *gentes* en familles séparées et une emprise personnelle plus grande de certaines de ces familles sur la richesse et le pouvoir, le cas échéant en se reliant à quelques fonctions sacerdotales ou militaires. Une autre conséquence possible de ce changement -tout aussi intéressante par son propos- fut que certaines tribus s'organisèrent sous une forme qu'il appelle la commune villageoise, fondée sur la notion d'un territoire commun, identifiée à ses habitants. Il retrouve cette organisation chez les Slaves et les Teutons, mais aussi ailleurs chez les Saxons et les anciens Normands, les Finnois, les Hindous, les Mongols, les Javanais, les Malais, les Kabyles, etc... L'une de ses formes a été la famille indivise comme dans le cas de la zadrouga des Slaves méridionaux. Ces communes contrairement aux *gentes* ou aux clans reconnaissaient l'accumulation privée de la richesse de biens meubles au sein de la famille, tout en maintenant une propriété foncière commune. *"C'était une universitas, un mir, un monde en soi "*(45). Ce n'est que sous l'influence de Rome et de la chrétienté qu'on en vint à l'idée de propriété foncière individuelle sans que cela ait partout fait disparaître l'existence des terres (forêts ou pâturages) communales dont on peut repérer encore de nos jours des éléments épars et désarticulés.

En effet, chez les "Barbares" ce n'est plus la chasse ou la pêche qui est commune comme dans les gentes, mais l'agriculture. Sur ce point, la diversité et l'étendue de la culture ethnographique de Kropotkine impressionne et étonne : que l'on songe à l'utilisation des travaux comme ceux de Bancroft, Montrosier, Cunow, Babeau, Janssen, Ory. A différents degrés, la réaffirmation constante des anciens droits communaux manifeste bien combien "l'*individualisme effréné est contraire à la nature humaine*"(46), tout comme l'exemple des paysans russes qui, lors de leur émigration vers l'Amour ou au Canada s'organisèrent naturellement en communes villageoises renforce, à l'époque moderne, la validité de la thèse de Kropotkine.

Tout le progrès social des époques dites "barbares" doit donc être attribué à cette organisation en Commune dont on peut étudier le système judiciaire et l'autorité morale auxquels les seigneurs eux-mêmes durent longtemps se soumettre alors même qu'ils en étaient devenus nominativement les "maîtres", tout comme ils durent souvent se soumettre à l'Assemblée du peuple s'ils voulaient exercer leur pouvoir.

Ces Communes, comme on peut le voir chez les Vandales, se fédéraient volontiers en confédérations jusqu'à former des Nations. Ces organisations souvent disparues de l'Europe moderne pouvaient être étudiées chez les tribus qui les pratiquaient encore dans le Pacifique, en l'Asie et en Afrique. Il en prend des exemples chez les Bouriates et leurs *oulous* dont "*les usages communistes frappèrent tellement les conquérants russes de Sibérie qu'ils leur donnèrent le nom de Bratskiye -les Fraternels-*»(47). Il en trouve des traces chez les Kabyles (48) et leur *thaddlart* regroupé en *ârch* (tribus) qui formaient elles-mêmes des confédérations (*thak'elsilt*) et où, seule, la *djemmâ*, où les décisions étaient prises à l'unanimité, était souveraine. Il évoque tous les travaux faits en commun jusque dans la construction des maisons individuelles, les aides ponctuelles pour la culture des champs et la prise en charge des indigents et des voyageurs.

La commune villageoise permit à ces populations vivant à des époques réputées assez troublées de ne pas s'éparpiller en familles isolées au moment où le système clanique s'affaiblissait. Au contraire, grâce à elle, l'agriculture et l'artisanat firent des progrès. De même ce système politique limita l'oppression des masses par des minorités, en dépit de l'emprise croissante de ces dernières, liée à l'accumulation de leurs richesses. Ce système communal était si ancré dans les esprits que lorsque l'Etat en vint à se constituer, il se borna à fournir les mêmes prestations, seulement, cette fois, détournées au seul bénéfice des minorités exploitatrices. Contrairement à l'idée communément reçue, à l'époque de Kropotkine, la Commune n'est pas le résultat du servage : elle lui est antérieure et lui a résisté en partie.

Il poursuit son parcours historique en montrant comment ces tendances sociales à l'entraide manifestées chez les "sauvages" et les "barbares" se sont maintenues dans les cités médiévales sous la forme des guildes.

L'origine de l'autorité qui devint plus tard source d'oppression se trouve dans l'attitude paisible des masses qui déléguèrent imprudemment le devoir de combattre à ceux qui, aventureux, en avaient l'esprit, tandis qu'elles-mêmes, sauf en cas de nécessité absolue, préféraient "*la bêche pacifique à l'épée belliqueuse*". De même à l'origine, le juge chargé de donner une amende en cas de contravention ou de délit social, devait gérer la moitié de la compensation versée au profit des besoins de l'Assemblée du peuple, de même, l'évêque ou le chef de la milice, le duc, reçurent peu à peu les attributions du pouvoir exécutif et judiciaire, mais sans que cela signifiât, du moins au début, qu'ils fussent les "maîtres" du peuple et qu'ils puissent le conduire à leur gré, à la guerre, ce qui était du ressort d'un autre dignitaire, spécialement élu à cet effet. Ce n'est que plus tard qu'il y eut un changement des conceptions et qu'au roi, simple maître de son domaine personnel -tout comme tout autre chef de famille- s'attacha une idée de sainteté sous l'influence de l'Eglise et des spécialistes du droit romain. Peu à peu, l'homme libre se trouva ainsi dans l'obligation de devenir le protégé d'un "puissant" féodal. C'est précisément au moment où la liberté "barbare" se trouva ainsi menacée de disparaître sous les monarchies ou les théocraties diverses en cours de constitution que se produisit un sursaut, un mouvement de résistance à cette situation qui prit la forme de la création de Cités libres, un peu partout en Europe, méditerranéenne, nordique ou centrale.

En effet, même à l'époque féodale, les communautés avaient réussi dans une certaine mesure à conserver la possession en commun de la terre et l'auto-juridiction, c'est-à-dire leur auto-législation et leur auto-administration qui s'affirmèrent quand, au IXe et Xe siècle, devant l'incapacité des armées officielles à les défendre des invasions, elles édifièrent elles-mêmes des centres fortifiés qui leur servirent ensuite aussi contre leurs ennemis de l'intérieur. Ces cités, centres de libération, à l'époque seigneuriale nomment des évêques à titre de défenseurs et protecteurs de leurs immunités et de leurs libertés : certains furent promus saints en récompense de leurs services municipaux et paroissiaux....

Les principes d'union à l'oeuvre dans les *gentes* et les Communes villageoises se retrouvent sous une forme différente au XIIe et XIIIe siècle avec les guildes. Selon les pays elles s'appelèrent fraternité, amitié, *droujestva, minne, artels, esnaifs, amkari, çof* et contribuèrent à la force, à la beauté et à l'émancipation des

Cités par la mise en place d'un système d'associations autogérées par rapport à tel ou tel projet politique, professionnel, personnel, commercial, artistique 49). Les repas, lors de la fête annuelle qui a pu sembler -à tort- l'essentiel de leur activité, symbolisent et rappellent, en fait, les temps où tout était mis en commun. "*La cité du Moyen-Âge nous apparait ainsi comme une double fédération : d'abord de tous les chefs de famille constituant de petites unions territoriales -la rue, la paroisse, la section- et ensuite des individus unis par serment en guildes suivant leurs professions ; la première était un produit de la commune villageoise, origine de la cité tandis que la seconde était une création postérieure dont l'existence était due aux nouvelles conditions*" (50). Fait notoire, la production n'épuisait pas la réalité des guildes qui garantissaient aussi la consommation pour précisément obtenir une bonne production, ce qui évitait dans la mesure du possible les famines et la misère.Ainsi à Amiens, la Cité achetait-elle le sel et le faisait-elle distribuer à prix coûtant. A ce sujet, en dépit des nombreux exemples qu'il fournit, il déplore que les historiens n'aient pas vraiment travaillé sur ces achats communaux à l'usage des citoyens. Bref, "*mieux nous connaissons la Cité du Moyen-Âge, plus nous voyons qu'elle n'était pas une simple organisation politique pour la défense de certaines libertés politiques. C'était une tentative... pour organiser une union étroite d'aide et d'appui mutuels pour la consommation et la production et pour la vie sociale dans son ensemble... laissant pleine liberté d'expression au génie créateur de chaque groupe, dans les arts, les métiers, les sciences, le commerce et la politique*"(51).

Le problème est que cette dynamique entraîna peu à peu la guilde à devenir une sorte de corps privilégié au profit de certaines familles de "bourgeois" qui en étaient venus à constituer une oligarchie marchande envers laquelle les autres guildes ne possédaient pas toujours assez de puissance pour leur opposer un contre-pouvoir utile. Dans le même moment, les artisans manuels, venus des campagnes, non "bourgeois" de fait, se trouvèrent dépréciés et aliénés à l'intérieur des Cités où ils résidaient, sans droit particulier. On vit au sein même des artisans émerger une différenciation sous-économique entre maîtres et apprentis alors que seuls les distinguait à l'origine une différence d'âge et d'habilité, qui se transforma en différence de richesse et de pouvoir. En effet, l'aide et le soutien mutuels, pour réussir à organiser toute la société de manière harmonieuse, ne pouvaient se limiter à une petite association, ils devaient s'étendre à tout l'entourage. Or cela ne se produisit pas au Moyen-Âge. C'est pourquoi, lorsque la commune cessa de s'identifier à tous ses habitants, on vit s'introduire une division entre les familles des vieux bourgeois et celle des nouveaux venus, paysans et artisans : les premiers ayant accès aux bénéfices des communaux, les seconds ne pouvant disposer que de l'habileté de leurs mains. Ce privilège familial "bourgeois" devint à son tour un privilège individuel : l'oppression n'était plus loin et les petites républiques du Moyen-Âge se trouvèrent condamnées à devenir la proie des Etats militaires et du césarisme.

Toutefois Kropotkine considère que les masses furent toujours liées, malgré ces avatars, à ce courant nécessaire d'entraide par le biais des premiers propagateurs de la Réforme qui visaient, à travers le religieux, à redéfinir le politique et le foncier. On comprend que le démantèlement des Cités libres ne se fit pas sans résistance et que le mouvement de la Réforme ne fut pas simplement une révolte contre les abus de l'Eglise catholique : à côté du droit pour chacun d'interpréter la Bible, on demandait au nom de la foi en la fraternité, le retour des terres communales et l'abolition des servitudes féodales. Que l'on songe ici aux Anabaptistes, aux Frères Moraves. Néanmoins, peu à peu, les fonctionnaires de l'Etat prirent possession des attributs de l'ancienne souveraineté des Cités. L'Etat prétendit représenter seul les liens d'union entre ses sujets et incarner le sens du progrès qu'il prétendit diriger. C'est pourquoi les associations commerciales et industrielles devinrent suspectes et encore plus les associations de travailleurs. L'Etat favorisa, par ce biais, un plus grand individualisme dissolvant les anciens liens entre citoyens et créant la religion du jour : la lutte de chacun contre tous, à laquelle, mais à tort, on attribua tous les progrès du moment.

La force de la thèse kropotkienne est de montrer qu'il reste à notre époque des habitudes d'entraide : même mieux, elles constituent la majeure partie de nos rapports quotidiens : sans elles, tout progrès moral et social serait arrêté et la société dissoute. *"L'Etat, basé sur de vagues agrégations d'individus et voulant être leur seul lien d'union, ne remplissait pas son but. Alors la tendance à l'entr'aide brisa les lois d'airain de l'Etat, elle réapparut et s'affirma de nouveau dans une infinité d'associations qui tendent maintenant à englober toutes les manifestations de la vie sociale et à prendre possession de tout ce dont l'homme a besoin pour vivre et pour réparer les pertes causées par la vie"*(52) . C'est à la recherche des nouvelles expressions de cette tendance qu'il va consacrer ses deux derniers chapitres: l'Entr'aide chez nous.

Il y considère d'abord les institutions permanentes d'entraide qui résistèrent au mouvement de division des biens et pouvoirs communaux (53); que l'on songe ici au *runrig tenancy* (culture en commun) au Royaume-Uni, aux assemblées populaires en Suisse pour régler les propriétés indivises, (terres ou animaux) avec un bon rendement sur tous les plans et pas seulement économique (échange d'enfants entre cantons pour entretenir le bilinguisme). La France, l'Allemagne, le Danemark, la Russie fournissent d'autres exemples particuliers tout aussi significatifs. Mêmes limitées, ces possesions communales y ont encore une valeur économique et symbolique non négligeable en réduisant les effets désastreux de l'individualisme. Puis il s'intéresse aux syndicats agricoles qui avaient pu, à son époque, se constituer en France à partir de 1884 et se montrer efficaces, en particulier lors de la grande crise de phylloxera, pour organiser le pompage de l'eau ou, ailleurs, pour créer des fruitières et de manière générale pour répandre les derniers perfectionnements modernes tant sur le plan technique, que général, démontrant *a contrario* l'inanité des thèses économiques courantes selon lesquelles la culture intensive est incompatible avec la culture villageoise et la possession communale.

En second lieu, il examine les institutions d'appui mutuel qui existaient à son époque chez les populations industrielles. Ce lui est l'occasion d'évoquer les Unions d'ouvriers, Robert Owen et leur combat pour se faire reconnaître. S'il admet que le syndicat n'est pas la seule forme par laquelle se manifeste le besoin d'entraide de l'ouvrier, il y ajoute les associations politiques, mais avec une certaine réticence : "Bien entendu, le simple fait d'appartenir à un corps politique ne peut pas être regardé comme une manifestation de la tendance à l'entr'aide. Nous savons tous que le politique est le champ dans lequel les éléments purement égoïste de la société forment les combinaisons les plus complexes avec les aspirations altruistes. Mais tout politicien expérimenté sait que les grands mouvements politiques ont été ceux qui avaient de grands buts et que les plus puissants ont été ceux qui ont provoqué l'enthousiasme le plus désintéressé"... "*En vérité, je ne sais pas vraiment ce qu'il faut le plus admirer : le dévouement sans bornes de quelques individus ou la somme totale des petits actes de dévouement du grand nombre*". Ce mouvement coopératif de production se fonde sur la foi de ses membres en une meilleure harmonie des relations économiques. On le retrouve avec lui non seulement en Angleterre, mais surtout en Russie. Il songe ici, par exemple, aux artels des Cosaques régentant les pêcheries de l'Oural, à ceux des tisserands, des menuisiers, des maçons, et même des convois de condamnés en route vers la Sibérie qui organisaient leur vie eux-mêmes dans les espaces laissés par leurs gardes-chiourme ou conquis sur eux... C'est d'ailleurs en Russie que selon lui "*la vieille institution du Moyen-Âge n'ayant pas été entravée par l'Etat a entièrement survécu jusqu'à aujourd'hui et revêt la plus grande variété de formes selon le besoin de l'industrie et du commerce modernes*"(54).

A côté des associations de coopération, il mentionne les groupements à but humanitaire ou médical, du genre des *Friendly Society Old Fellows*, le secours en mer, les tontines. Partout des bénévoles font marcher la machine sociale presque en dépit de ses formes étatiques oppressives. Il va jusqu'à s'intéresser à l'Alliance des cyclistes, aux clubs de cricket, aux clubs alpins ou de tourisme, aux sociétés scientifiques, aux charités etc... sans oublier la sphère de la vie privée où l'on peut "*découvrir tout un autre monde d'aide et soutien mutuel, que la plupart des sociologues ne remarquent pas parce qu'il est limité au cercle étroit de la famille et de l'amitié personnelle*"(55).

Bref, le sentiment d'entraide est un sentiment très profond auquel personne ne peut résister, en dépit qu'on en ait ; il a "*été nourri par des milliers d'années de vie humaine sociale et des centaines de milliers d'années de vie préhumaine en société*"(56). A cet égard, il fustige l'absence désolante de "mythe" exaltant cet héroïsme populaire quotidien où les hommes se frottant les uns aux autres s'entraident. Cet héroïsme est souvent négligé par le pouvoir religieux puisqu'il va à l'encontre de sa thèse selon laquelle l'homme né mauvais et pêcheur ne peut rien produire de bon et d'efficace tandis que rien, de ce qui ne peut être rattaché directement à Dieu, ne vaut. Il est également très souvent méconnu par les supporters laïques sensibles la seule idée de l'Etat, qui trouvent dans le héros romain ou le soldat dans le champ de bataille la seule réalisation, à la hauteur de leur compréhension, de l'héroïsme et des vertus sociales.

Il conclut son travail en reécrivant le sens de l'histoire qu'on a longtemps enseigné en notant qu'en fait les grandes époques de l'histoire de l'humanité coïncident avec les moments où l'entraide s'est combinée au principe fédératif, tandis que les époque de décadence correspondent à la ruine de ces mêmes institutions d'entraide lorsque l'Etat établit trop fortement sa domination omniprésente. On a tort par exemple d'attribuer tout le progrès industriel à notre siècle et au seul triomphe de la concurrence, parce qu'il a en fin de compte sa source profonde à l'époque des Cités et à leur esprit, même si l'Etat centralisateur s'en attribue indûment le bénéfice.

Dans cette optique, *"La lutte pour la vie doit être comprise non comme une lutte pour les simples moyens d'existence mais comme une lutte contre toutes les conditions naturelles défavorables à l'espèce"*. L'idée d'entraide doit aller en s'élargissant pour s'étendre de la tribu à la fédération de tribus à la nation et enfin, au moins comme idéal, à l'humanité toute entière. *"La conception la plus élevée... qui nous conseille de donner plus que l'on attend recevoir de ses voisins est proclamée comme en vrai le principe de la morale... un appel est aussi fait à l'homme de se guider ... par la conscience de ne faire qu'un avec tous les êtres humains"*(58).

De tels textes évoquent irrésistiblement des correspondances ou des analogies avec certains textes de Mauss (59) où expliquant la danse par l'exaltation du *mana*, pour décrire cette totalité festive en acte et son effervescence créative, il évoque le tout, *"le corps social... animé du même mouvement"* où, dans cet élan de participation intense, *"il n'a plus d'individus. Il sont pour ainsi dire les rayons d'une roue dont la ronde magique dansante et chantante serait l'image idéale"*.

L'intérêt direct de cette communication est peut-être lointain, mais il est cependant bien réel dans la mesure où elle nous permet de rappeler un certain nombre de suggestions toujours actuelles, même si l'état de la Science et de ses connaissances ainsi que l'avancement de ses pensées progressistes n'ont pas permis à Kropotkine de mieux utiliser son séjour sur le terrain, en Sibérie, pour en rapporter des renseignements ethnographiques et sociologiques de première main, interprétés à sa manière. En premier lieu, la pensée de Kropotkine, bien que minoritaire n'est pas isolée ; elle s'insère dans tout un courant scientifique qui déborde sur des dimensions du comportement politique peut-être trop oubliées.Ces thèses n'ont jamais eu l'heur de plaire ni aux puissants, ni aux tenants du totalitarisme marxiste ou libéral. S'appuyant sur des faits scientifiques, elle propose à nos espérances autre chose que les "illusions" venues d'un royaume divin tout comme celles des affres d'une vie ici bas sous le règne de l'élimination du mieux pourvu sous le régime du conflit généralisé.

En second lieu, cette pensée a le mérite de recentrer nos centres d'intérêts et d'études vers des domaines trop souvent laissés à l'abandon voire longtemps méconnus en fonction d'une idéologie de nature hiérarchique et étatiste. Le progrès n'est pas toujours tant s'en faut le produit d'une activité hyper-centralisée. Si les grands ensembles sont plus visibles de par leur masse que les petits, leurs réalisations ne sont pas toujours à la hauteur des moyens engagés.Le gaspillage, l'inertie, la corruption, l'exploitation sont bien plus souvent leur lot. Les quelques penseurs qui ont voulu s'attacher à autre chose qu'à ce qui frappe d'emblée naturellement les yeux pour dégager d'autres structures et d'autres modes de vie en société possible nous ont ouvert des voies vers l'étude des petits groupes acéphales dans le domaine de l'exotisme, des petits groupes au niveau de l'histoire de l'humanité et ce qu'il en reste, même si parfois le sens de ce qu'il en reste est dénaturé ou pollué par l'environnement social : les fors, les droits et les biens communaux et plus récemment par tout l'essor de la recherche en sociabilité tant rurale qu'urbaine, la vie associative, celle des néo-villages ou des vieux quartiers, des espaces de cohabitation et de voisinage, celles de l'entreprise industrielle, des lieux d'échange que sont les cafés, les marchés, les circuits parallèles, les sphères secrètes du privé collectif, les réseaux de parenté, de profession.

Ce faisant, il rencontre l'intérêt "socialiste" pour les petits, les humbles, les oubliés, les opprimés, ceux qui gardent intact même dans leur révolte le sens profond de leur humaine solidarité quotidienne : *"groupons-nous et demain..."*

Malgré des différences bien compréhensibles et bien qu'il semble n'avoir point "cohabités", les itinéraires et les problématiques générales de Kropotkine et des artisans de l'Ecole française de sociologie semblent parfois bien parallèles. Nous sommes persuadés que Mauss n'aurait pas été insensible à l'idée de voir dans l'entraide une relation sociale fondamentale régénté par l'idée du don. De même, Durkheim à la recherche de la fonction cohésive des faits sociaux pour comprendre les faits de la vie normale aurait pu, dans *La division du travail social*, retrouver certaines des préoccupations de Kropotkine concernant la solidarité sociale -mécanique et organique-. Chez tous les deux il y a la conviction que les variations de la solidarité décrivent un niveau de réalités irréductible: «*car la sociabilité en soi ne se rencontre nulle part. Ce qui existe et vit réellement, ce sont les formes particulières de la solidarité. La solidarité domestique, la solidarité professionnelle, la solidarité nationale, celle d'hier, celle d'aujourd'hui»*(60). De plus, ces rapports noués par les hommes qui les font s'éprouver solidaires ne sauraient s'expliquer par de simples déterminations psycho-physiologiques individuelles.

On pourrait même enrichir la pensée kropotkienne en la prolongeant par des analyses de Mauss en remarquant que l'entraide qui se manifeste dans le don est une cristallisation du rapport agonistique fondamental qui lie les hommes entre eux, représentant une sorte de paix, condition de toute sociabilité présente et future. Selon la forte expression de Mauss « *pour commercer, il a d'abord fallu poser les lances»*(61).

L'entraide des individus et des groupes entre eux va bien au delà. Touchant une partie plus ou moins grande de la société, elle vise en fin de compte cette société globale elle-même dans sa totalité. Ce qui veut dire encore que l'entraide développée à l'égard d'un tiers quelconque est le signe de l'entraide développée ou à développer envers toute l'Humanité et à la limite toute la Nature qui doivent être comprises comme le véritable bénéficiaire de la réalité de l'entraide, fait social total, s'il en est. Comme pour les choses échangées dans le don, les services offerts par l'entraide particulière, nouent des choses, des êtres, créent des liens qui les organisent les uns par rapport aux autres et les fait participer à une vie commune. L'entraide circule comme le *hau*, «*on se donne en donnant et si on se donne c'est qu'on se doit -soi et son bien- aux autres»* (62). L'entraide de ce point de vue peut être considérée comme la seule contrainte qui nous est imposée en échange de la nécessaire intégration à la vie sociale, à la communauté au sens fort du terme pour les degrés supérieurs de la vie et en particulier de la vie consciente des hommes. Lévi-Strauss notera que l'homme ne vit que d'échanges de biens, de femmes et de mots : n'est ce pas là aussi bien des sens du message du prince anarchiste. Chacun de nous participe de l'autre, vit en l'autre sous la forme de ces services -de ces biens- pris, donnés et rendus selon la célèbre trilogie maussienne.

Cette présence permanente de l'entraide au sein des rapports sociaux n'exclut pas la possibilité de variations qui, au sein des individus, des groupes, des états historiques de civilisations, se marquerait par des alternances de moments intenses, effervescents et créatifs et des moments de relâchement, de dépression, de retraite, à l'instar de ce que le même Mauss avait trouvés dans les sociétés eskimos 63).

Enfin, il nous semble que la personnalité de Kropotkine rejoint celle de Mauss sur le plan de la réflexion pratique et militante. En effet, Mauss, en dépit des charges de son enseignement et de ses recherches est toujours demeuré actif au sein du mouvement socialiste et coopératif. Cette école française de sociologie à laquelle il participe ne croit pas à la Révolution bolchévique. Au contraire, on y pense que seules les *"majorités sont agissantes"* (64) et on y insiste avec Bouglé (65), Jaures, Max Adler ou Otto Bauer sur ce qui lie les classes sociales les unes aux autres en dépit de leur différences. Les classes sociales comme les nations qui auront à se reconstruire, après la Grande Guerre au sein de la Société des Nations, doivent, en fonction du caractère moral de l'échange de services auquel elles sont contraintes pour survivre, recréer des types d'obligations comparables à celles que les sociétés de la côte Nord Ouest du Pacifique avaient développées en leur temps et qu'on connaît sous le terme générique de potlatch. Dans son *Essai sur le don*, Mauss rappelait avec intensité qu'au delà de l'échange des services, des biens, des marchandises, l'homme *"donne quelque chose de (lui) : son temps, sa vie"*(66). La vie sociale exige pour fonctionner que chacun, à l'instar de "l'archaïque" d'hier qui engageait son âme dans l'échange, convaincu qu'elle lui reviendrait plus tard, soit considéré comme une personne et non comme une chose. Il précisait même *"les classes et les nations et aussi les individus doivent s'opposer sans se massacrer et se donner sans se sacrifier les uns aux autres»*(67).

Par ailleurs la conclusion de la *Division du travail social* et du *Suicide*, tout comme l'enseignement durkheimien de la morale civique, professionnelle et domestique visant à l'établissement d'une loi morale et politique du groupe formé par l'association, d'individus liés à une même production économique, à la fois assez proche et dégagée de l'individu, évoquent des thèmes et des problèmes abordés par Kropotkine.

Une telle démarche est assez originale pour qu'après soixante-dix ans d'un certain impérialisme de la pensée marxiste -souvent d'ailleurs plus léniniste que marxiste, surtout dans les pays de l'Est- dans notre discipline, on ait pu s'interroger et sur son origine et sur son avenir.

Les préoccupations éthiques de Kropotkine se prolongent en Mauss comme celles de ce dernier dans celles de chercheurs plus contemporains comme Clastres, lorsqu'on entend Mauss déplorer qu'il n'y ait pas *"dans ces pays* (U.R.S.S.) *d'opinion publique, d'éducation civique, des citoyens en un mot"*(68), *"tout l'espace est laissé aux minorités agissantes"* et reprocher à la dictature du prolétariat *"d'avoir cru qu'on pouvait instaurer des lois, des droits à coups de décrets, à coups de violence, qu'on peut gérer des intérêts sans le consentement et la confiance des intéressés"*(69), d'être devenue *"une dictature d'un parti communiste sur le prolétariat"*(70). Refusant toute violence dans la solution des conflits sociaux, il écrit : *"La violence est stérile dans nos sociétés modernes. C'est un mode d'action politique coûteux et périmé"*(71). N'est-ce pas là un slogan libertaire que celui qui lui fait écrire (72): *"la meilleure administration est celle qui se fait le moins sentir"*. Il refuse le mythe de l'action directe des minorités et donne son approbation à la doctrine des majorités agissantes. *"Il est temps que les majorités prennent conscience de leurs droits et de leurs forces et qu'elles sachent s'en servir. Le socialisme dans le fond n'est pas autre chose que l'éveil de cette conscience, de leurs intérêts, de leurs droits, de leurs forces, dans les masses travailleuses qui forment la très grande majorité de nos nations"*(73).

De même que Kropotkine ne supportait pas l'idée que le savoir reste désincarné et enfermé dans sa tour d'ivoire, sans lien avec le bien public (74), de même Mauss à propos de son inquiétude face à ce qui se passait dans la Russie bolchévique, écrivait : *«car en nous l'ardeur du savant et celle de l'homme politique se mêlaient et s'exaltaient»*.

On est avec de tels hommes bien loin des pestilences du carriérisme et de l'arrivisme hypocrites à laquelle nous ont un peu trop habitués certains pseudo-scientifiques et pseudo-homme d'Etat Mauss comme Kropotkine ont par ailleurs une vision «soft» de la politique et de la science. Mauss sait qu'il *"prêche trop généralement et trop généreusement la douceur, la paix, la prévoyance"*(75). Mais précisément le rôle du sociologue est *"d'habituer les autres à penser, modestement et pratiquement, sans préjugé, sans sentiments. Il faut que les penseurs éduquent les peuples à user de leur simple bon sens qui en l'espèce, en Politique est également le sens du social, autrement dit du juste"*(76).

Déjà, s'il pressentait comme Kropotkine que la Révolution russe serait un échec, il sentait bien, comme lui, qu'un tel échec ne prouvait nullement *"l'incapacité politique d'un peuple"*. De l'échec possible, à son époque, du communisme, il ne faudrait pas, selon lui, conclure au fait que *"le socialisme est impossible dans les pays politiquement économiquement et surtout moralement et intellectuellement plus avancés* (77). *C'est sans aucun doute dans le même sens épistémologique et social que Kropotkine écrivait* (78) *«que pour le progrés moral de l'homme, le grand facteur fut l'entr'aide et non pas la lutte. Et de nos jours encore, c'est dans une plus large extension de l'entr'aide que nous voyons la meilleure garantie d'une plus haute évolution de notre espèce».*

Alors seront vérifiés les rêves du poète (79):
« Que le bonheur soit la lumière
Au fond des yeux, au fond du coeur
Et la justice sur la terre
Il y a des mots qui font vivre
....
Et le mot frère et le mot camarade »

NOTES

1. Nous remercions pour son aide amicale concernant la recherche et les traductions de documents relatifs aux mis-sions de Kropotkine en Sibérie, Mr Frédéric Bertrand, étudiant en DEA au département d'Anthropologie Sociale.

2. *Le socialisme*, P.U.F., 1971, p.37.

3. Intervention de M. Mauss à la suite de la communication de A.Aftalion : "Les fondements du socialisme" in Bulletin de la Société française de philosophie, Février 1924.

4. *Vie de Lucien Herr*, Rieder 1932, p.1952. Cf. aussi V. Karody, Introduction aux Oeuvres de Marcel Mauss, Ed. de Minuit, 1968, tome I, p.21.

5. Géologue américain

6. C'est dans cette région que le sommet du massif (1774 m) porte son nom. Beaucoup de ses observations furent utilisées sous son nom dans la Géographie Universelle d'Elisée Reclus

7. Certaine de ces expéditions furent d'ailleurs financées par les propriétaires des mines de l'Oliokma pour trouver de nouvelles voies d'accés.

8. Mais quel droit avais-je à ces nobles jouissances lorsque tout autour de moi je ne voyais que la misère, que la lutte pour un morceau de pain moisi". Les joies de la pensée pure doivent être partagées : "Celui qui a une fois dans sa vie ressenti cette joie de la création scientifique ne l'oubliera jamais,.... souffrira à la pensée que ce genre de bonheur est le lot d'un bien petit nombre d'entre nous... et que les méthodes scientifiques et les loisirs, ne sont le privilège que d'une poignée d'hommes".

9. Ce dernier article publié dans la revue *La Société Nouvelle*, et dans *l'Humanité Nouvelle*.

10. *Autour d'une vie*, p.221 : "Les années que je passais en Sibérie m'apprirent bien des choses que j'aurais difficilement apprises ailleurs. Je compris bientôt l'impossibilité absolue de rien faire de réellement utile aux masses par l'intervention de la machine administrative". A propos des Doukhobor, (p.221-222) : "constater les avantages immenses qu'ils trouvaient dans leur organisation fraternelle semi-communiste, être témoin du succés de leur colonisation au milieu des échecs de la colonisation par l'Etat, c'étaient là des enseignements que les livres ne peuvent point donner. Pendant les années que je vécu avec les naturels, le spectacle du fonctionnement des formes complexes d'organisation sociale qu'ils avaient élaborées loin de toute civilisation devait répandre des flots de lumière sur toutes mes études ultérieures"... " Je commencais à apprécier la différence entre ce que l'on obtient par le commandement et la discipline et ce que l'on obtient par l'entente entre tous les intéressés". "Je perdis en Sibérie ma foi en cette discipline d'Etat..."

11. Kropotkine : *Champs, usines et ateliers*. Stock 1910, (1er édition anglaise, 1899).

12. *Autour d'une Vie*, op. cit. (p.515) : "Aujourd'hui il ne se commet pas d'infâmie dans la société civilisée ou dans les relation des Blancs avec les races dites inférieures, ou des "forts" avec les "faibles qui ne trouve son excuse dans cette formule...".

13. *Autour d'une vie* op. cit., p.516 : "quand je lui fis part de mon intention il me dit : "oui, il faut que vous écriviez cela, c'est cela le vrai darwinisme. C'est une honte quant on songe à ce qu'ils ont fait des idées de Darwin".

14. Idib., p.516-517.

15. Marcel Prenant : *Darwin*, Paris, Ed. Sociales Internationales, 1937.

16. *Darwin* :, p.63, Flammarion (s.d) traduction Clémence Roger.

17. *Individualisme et Entraide, l'Elan Syndicaliste*, n°39, mars 1939.

18. "L'entr'aide, la justice, la morale, tels sont les degrés de la série ascendante des états psychiques que nous fait connaître l'étude du monde animal et de l'homme. Elles sont une nécessité organique, qui porte en elle-même sa justification et que confirme toute l'évolution du monde animal, depuis ses premiers échelons (sous forme de colonies de protistes) en s'élevant graduellement jusqu'aux sociétés humaines les plus parfaites. Et nous pouvons dire que c'est là une loi générale et universelle de l'évolution organique, qui fait que les senti-ments d'entr'aide, de justice et de morale sont profondément enracinés dans l'homme, avec toute la puissance d'instincts innés. Le premier des trois, l'instinct de l'entr'aide, est évidemment le plus fort ; le troisième, le plus tardivement apparu, est un sentiment inconstant et considéré comme le moins obligatoire".

19. Cf. *De la biologie à la culture*, Flammarion 1983.

20. Struggle for existence and its bearing upon man, 1888.

21. *Transformisme et adaptation,* Flammarion 1952, Phénomène social et sociétés animales, Alcan 1957.

22. Meilleurs que les hommes, les merveilles de l'entr'aide chez les animaux et les plantes, Editions et publica-tions premières, 1970, l'Entr'aide dans le monde animal et végétal : "L'entr'aide pour l'existence est une loi de la nature au même titre que cette lutte pour la vie, élevée à tort par les darwinistes au rang de règle unique, implacable et universelle".

23. Cf. son Introduction à l'Entr'aide p.XIII et XIV à propos du livre de L. Büchner : "On peut objecter à un livre que les animaux aussi bien que les hommes y sont présentés sous un aspect trop favorable : que l'on a insisté sur leurs qualités sociables tandis que leurs instincts anti-sociaux et individualistes sont à peine mention-nés...".

24. Cf. J. Ruffié :*De la biologie à la culture*, Flammarion, 1983. *Le hasard et la vie des espèces,* Flammarion 1953 : "si l'éthique altruiste aux lointaines origines biologiques, tend aujourd'hui à se développer culturelle-ment pour prendre des dimensions mondiales, c'est qu'elle a toujours été porteuse d'un avantage sélectif crois-sant". il ajoute en moraliste : seul "l'altruisme planétaire peut sauver l'humanité du suicide collectif".

25. Cf. *Le geste et la parole* : techniques et langage, Albin Michel, 1964.

26. *La société contre l'Etat,* Editions de Minuit, 1982.

27. *Essai sur le fondement du pouvoir politique,* Orphys, 1968.

28. Cf. aussi Jean Rostand : Aux frontières du surhumain selon qui les idéologies peuvent inciter à remarquer ou à expérimenter tel ou tel objet tantôt avec fécondité, tantôt avec stérilité (G. Lyssenko) ou dangerosité (la sociobio-logie).

29. Professeur à Bordeaux, sociologue, qui appuya Durkheim en 1887 pour qu'il obtienne sa chaire à Bordeaux.

30. *L'origine des espèces*, chapitre III.

31. *L'édition anglaise*, p.163.

32. *L'Entr'aide* p.15.

33. Idib., p.19.

34. Idib., p.27.

35. Idib., p.56-57.

36. Idib., p.80-81.

37. Idib., p.95.

38. Idib., p.98.

39. *Alaska and its ressources*, Cambridge Us 1870.

40. *The Eskimo Tribs, Meddelelser om Grönland,* vol. XI 1887.

41. *L'Entr'aide*, Op., cit., p.106.

42. *Véniaminoff, Mémoires relatifs au district de Unalashka* (en russe) 3 vol., St Pétersbourg, 1840.

43. *Descent of Man*, 2ème édition, p.64.

44. *L'Entr'aide*, p.121.

45. Op., cit. p.137.

46. Op. cit. p.140.

47. Op. cit. p.152.

48. Cf. Honsteau et Letournay, *La Kabylie*, 3 vol., Paris 1883.

49. *L'Entr'aide*, p.188 : il rappelle que même les mendiants, les bourreaux et les prostituées avaient leurs unions spécifiques selon le double principe de l'auto-juridiction et de l'appui mutuel.

50. Idib., p.196.

51. Idib., p.201-202.

52. Idib., p.320.

53. Idib, p.254 : "Parler de la mort naturelle des communes villageoises "en vertu des lois économiques" est une aussi mauvaise plaisanterie que de parler de la mort naturelle des soldats qui tombent sur le champ de ba-taille".

54. Idib., p.297.

55. Idib, p.307.

56. Idib., p.300.

57. Idib., p.315.

58. Idib., p.306.

59. Esquisse d'une théorie générale de la magie (1903).

60. *De la division du travail social*, P.U.F., 1960, p. 31.

61. *Sociologie et Anthropologie*, p.278.

62. Idib., p.227.

63. Idib., p.470 (Essai sur les variations saisonnières des sociétés eskimos).

64. M. Mauss "Sur le bolchévisme", in *La vie socialiste*, 5 mars 1932, p.2. Avant lui Kropotkine qui ne croyait ni aux révolutionnaires professionnels, ni à leur comités directeurs, ni leur discipline pensait que la révolution ne devait pas être un simple changement de gouvernement, mais une révolution sociale, non la prise du pouvoir politique par un petit groupe mais "l'oeuvre collective des masses" Cf. Kropotkine : Révolutionnary Government in Kropotkine's Révolutionary Pamphlets, Roger N. Baldwin Ed. New York 1927, p.246-248.

65. *Doctrine et sentiments solidaristes*, Bibliothèque Nationale, Décembre 1907, p.8-9.

66. *Essai sur le don in Sociologie et Anthropologie*, Puf 150, p.273.

67. *Essai sur le don*, op. cit., p.278-279.

68. Mauss : *Réflexions sur la violence. Fascisme et bolchevisme. La vie socialiste*, 3 février 1923, p.1.

69. Mauss : *la violence bolchévik. Sa nature, ses excuses. La vie socialiste*, février 1923, p.2.

70. Mauss : *La violence bolchevik. La lutte contre les classes actives. La vie socialiste*, 24 février 1923, p.1.

71. Mauss : *Contre la violence. Pour la force, La vie socialiste*, 5 mars 1923, p.2. A rapprochere peut-être de la formule de Louise Michel : « L'anarchie est la plus haute expression de l'ordre, c'est l'ordre par l'harmonie ».

72. Mauss : *La violence bolchévik, sa nature, ses excuses, La vie socialiste*, 10 février 1923, p.2.

73. Mauss : *Contre la violence. pour la force, La vie socialiste,* 5 mars 1923, p.2.
74. Cf. *Autour d'une vie,* op. cit., p.242-246 : à propos de la validité de ses travaux géographique en Finlande, plus que de ses recommandations techniques sur l'utilisation du sol, il écrit que, ce dont le paysan a besoin « c'est que je vive avec lui, pour l'aider à devenir le propriétaire ou le libre possesseur de cette terre. Alors il lira des livres avec profit, mais non maintenant... La Science est une excellente chose... j'aurais voulu ouvrir de nouveaux horizons à la géologie et à la géographie physique. Mais quel droit avais-je à ces nobles jouissances lorsque tout autour de moi, je ne voyais que la misère, que la lutte pour un morceau de pain moisi. Tout ce que je dépenserais pour pouvoir m'attarder dans ce monde de délicates émotions serait infailliblement pris dans la souche même de ceux qui faisaient venir le blé et n'avaient pas assez de pain pour leurs enfants... Les masses ont besoin d'apprendre, elles veulent apprendre, elles peuvent apprendre... mais donnez-leur les moyens d'avoir des loisirs !voilà la direction dans laquelle je dois agir... Tous ces discours sonores où il est question de faire progresser l'humanité tandis que les amateurs de ces propos se tiennent à distance de ceux qu'ils prétendent pousser en avant, toutes ces phases sont de purs sophismes faits par des esprits désireux d'échapper à une irritante contradiction ... »
75. Mauss : Appréciation sociologique du bolchévisme. *Revue de Métaphysique et de morale,* 31ème année, n°1, 1924, p.123-124.
76. Mauss : Appréciation sociologique du bolchévisme. *Revue de Métaphysique et de morale*, 31ème année, n°1, p.132.
77. Chapitre II, *Les idées socialistes. Le principe de nationalisation.* Marcel Mauss, Collège de France, p.15-16.
78. *L'entr'aide,* 1906, p.326.
79. Paul Eluard.

Bibliographie

ANISSIMOV, S. : *Les voyages de P. Kropotkine,* Moscou, Leningrad 1943.
ARVON, A. : *L'anarchisme,* Puf, 1959
AVRICH, P. : *Les anarchistes russes,* Maspero 1979
BOUGLE, C. : *Les socialistes français,* Colin, 1934

GOLDMANN, E. : *Living my life*, New York 1931
My further desillusionment in Russia, Garden City, New York, 1924
GUERIN, D. (Ed.) : *Ni Dieu, ni maître*, Edition de Delphes (s.d.)
KROPOTKINE, P. :
> Compte-rendu de l'expédition Oliokminsko-Vitimskii in *Notes de la Société Impériales russe de géographie*, Tome III (Département de géographie, mathématique et physique), St Pétersbourg, 1873.
> *Paroles d'un Révolté*, Stock 1885.
> *La morale anarchiste*, 1891.
> *La conquête du pain*, Tresses & Stock 1892.
> *Co-opération : a reply to Herbert Spencer*, Freedom, déc 1816, jan 1897
> *Mutuel Aid : A factor of Evolution*, Londres 1902 (1er édition 1897) (réedition Londres, Penguin Books 1972).
> *Autour d'une vie*, Stock, Paris 1902.
> *L'Entr'aide, un facteur de l'Evolution*, Stock 1906.
> *Etika : Golos Trouda*, Pétrograd 1922.
> *La science moderne et l'anarchie*, Paris 1913.
> *Ethique*, Paris, Stock, 1927.
> *L'Entr'aide, un facteur de l'évolution sociale*, traduit par L. Guieyesse-Bréal, Paris, Costes, 1938
> *Oeuvres* : F.M. petite collection, Maspero 1976.
> *L'entr'aide : un facteur de l'évolution sociale,* Ed. l'Entraide, 1979.
LEBEDEV, N.K : *P.A Kropotkine*, Moscou 1925.
PIRONMOVA, N.M. : *Kropotkine*, Moscou, 1972.
PLANCHE, F. & DELPY, J. : *Kropotkine* S.L.I.M., Paris 1945.
SOKOLOV, N. : *Pierre Kropotkine en tant qu'ethnographe*, (Travaux de l'Institut des   Sciences Naturelles) Académie des Sciences de l'U.R.S.S. T.4, Moscou 1952.
WOODCOCK, G. & AVAKOUMOVIC, I. : *The anarchist Prince*, Londres, 1950.

Cels Gomis et l'ethnologie catalane.

L'Anthropologie culturelle, d'origine américaine et l'Anthropologie sociale, d'origine britanique, n'apparaissent à l'Université espagnole qu'à la fin des soixante et au début des soixante-dix. L'Anthropologie culturelle (notamment l'école de *Culture et Personnalité*) arrive par l'intermédiaire de Claudi Esteva et l'Anthropologie sociale britanique par Carmelo Lisón. Il y a des précédents intéressants mais rares (1) qui pourtant n'ont presque pas de conséquences dans la vie universitaire. On pourrait dire, donc, que Esteva et Lisón sont, au sens acadcamique, les pères fondateurs de l'Anthropologie sociale et culturelle moderne en Espagne (2).

Depuis, l'Anthropologie s'est beaucoup développée dans l'Université espagnole, mais peut-on dire d'une façon scientifiquement amorphe, sans arriver à consolider des écoles ou tendances établies, ni d'autre part, réaliser une vraie implantation sociale, la conjoncture internationale ne contribuant certes pas à consolider des certitudes scientifiques.

On peut donc dire, que l'Anthropologie espagnole moderne se developpe:
a) à partir des influences très diverses et même contradictoires.
b) les nouvelles générations vont se définir, tôt ou tard, conflictuellement.
c) en même temps, la rapide croissance des départements universitaires, va produire un certain "vide" qui va renforcer les trajectoires et les stratégies individuelles, et aussi la dépendance exterieure (3).
Cette situation, en même temps que l'éclosion des identités autonomes (régionales), va favoriser parallelement des études de caractère historique à la recherche, plus ou moins explicitement confessée, des ancêtres autochtones.

A mon avis, au cours de cette recherche (surtout dans la décade 80 mais aussi encore dans les premières années 90) se produisent des confusions graves. En effet, sous la dénomination d'Histoire de l'Anthropologie, on étudie en fait des traditions intellectuelles et des disciplines diverses qu'on devrait par contre interprêter par rapport à leur contexte historique et à leurs intérêts scientifiques et idéologiques. D'autre part, à la recherche des nouvelles (mais aussi des anciennes) identités consacrées par la Constitution Espagnole le 1977, on mélange des matériaux et des entités de nature aussi très diverses, dans de véritables pots-au-feu ethnologiques ignorant absolument toute critique et de contestation des sources (4).

Parmi ces disciplines, devenues "pré-anthropologiques" malgré elles, on trouve le Folklore. En Espagne, cette discipline a un développement important surtout dans les régions qui se sont industrialisées au XIXème siècle et/ou connaissent des épisodes régionalistes plus ou moins intenses et durables. C'est le cas de la Catalogne (5). Le Folklore s'introduit en Catalogne (à Barcelone) par la Philologie Romane, mais et en quelques années, devient un instrument idéologique au service du mouvement de la *Renaissance* (la Renaixença). Ce mouvement incarne l'adoption en Catalogne du romantisme le plus conservateur. Il postule une image de la Catalogne et de l'esprit catalan (le *Volkgeist*) aux racines historiques et ruralistes, un caractère catholique et socialement harmonique et respecteux de l'autorité patriarchale dans la famille, qui devient le modèle de l'explotation agricole, de l'usine et même de la société.

Le mouvement de la *Renaissance*, lié avec les intérêts d'un bon nombre de propietaires fonciers et de la puissante bourgeoisie industrielle, triomphe d'autres mouvements de caractère également régionaliste, mais d'orientation républicaine, fédéraliste, anarchiste ou même ultra-conservatrice. En accord avec les sources de sacralité du romantisme historiciste, le mouvement de la *Renaissance* tire ses fondements de l'histoire et de la nature, au carrefour desquelles se trouvent le monde rurale et la tradition populaire (apparemment immobile, qui rélie le présent au Moyen Age et paraît née directement de la terre où le paysan enfonce les pieds). La formalisation du modèle idéologique de la *Renaissance* est l'oeuvre des écrivains, des juristes et des propagandistes. Le rôle des folkloristes (ayant été acceptées depuis les annés 80 selon les exigeances methodologiques positivistes du "collecting materials") (6) est de fournir au système des vrais reliques procédantes de la tradition populaire (symboles qui suscitent des adhésions).

Ainsi, chez les folkloristes catalans on a arrivé à la fin du siècle à une sorte d'engagement entre la "raison patriotique" et la "raison scientifique", selon lequel la recherche des données traditionnelles s'effectue d'une façon rigoureuse mais dans le cadre d'idées et de valeurs dessinées par la *Renaissance*, sans jamais en dépasser les limites (7).

Dans ce contexte d'engagement idéologique de l'ensemble des folkloristes catalans, surgit la trajectoire singulière de Cels Gomis, ingénieur des chemins de fer,
né le 1841, homme d'idées progressistes qui milite avec les républicains-fédéra-
listes de Valentí Almirall (8). Il doit s'exiler en 1869 à la suite de l'échec de la tentative de soulèvement radical appelé *"des intransigeants"* à la suite de révolution
libérale de 1868 (9). A Gèneve, où il demeure quelques mois, Gomis entre en
contact avec l'Internationale Socialiste et s'affilie à l'Alliance pour la Démocratie
Socialiste. A son retour en Espagne, en 1870, il est devenu un activiste et l'un des
principaux introducteurs des idées et de l'organisation bakouniste (10). Comme
d'autres intellectuels et dirigeants ouvriers catalans de l'époque, Gomis a vécu,
donc, à la suite de l'échec de la révolution libérale, un processus de radicalisation
qui l'a mené du républicanisme a l'anarchisme.

Son activité anarchiste va se prolonger jusqu'à la fin du siècle, quand, aprés les
attentats de Barcelone d'inspiration vaguement «kropotkienne et malatestienne»
(11), il paraît s'éloigner petit à petit de la cause (sans la renier pourtant jamais
d'une manière ouverte), jusqu'à sa mort le 1915 (12). Comme publiciste, Gomis
a développé beaucoup d'activités (des pamphlets anarchistes (13) aux manuels
scolaires (14)) et parmi celles-ci le Folklore. Pourquoi? Quel interêt avait une discipline aussi marquée en Catalogne par l'idéologie conservatrice pour un anarchiste comme Cels Gomis?

Gomis explique qu'il s'est interessé à déraciner les croyances superstitieuses
(même celles homologuées particulièrement par l'Eglise) dans les classes populaires, à leur montrer l'absurdité de telles croyances (et pratiques) et à leur
apprendre l'idée de la rationalité et du progrès. *"Il convient --disait-il-- de
recueillir toutes les préocupations populaires* (lire superstitions), *pas pour les
perpetuer, comme croient quelques uns, mais pour les détruire, les conservant
seulement par écrit pour que, dans l'avenir, le peuple puisse comparer son état
avec l'arrièration dans lequel vivaient ses ancêtres et dans lequel nous vivons
encore nous mêmes aujourd'hui"*(15).

Certes, Gomis s'est occupé d'un thème qui personne n'avait jamais traité jusqu'alors en Catalogne du point de vue du Folklore (c'était un thème, on peut dire,
"délicat"): les croyances populaires (16) et dans une perspective doucement
"démystificatrice". Mais ça ne paraît pas suffisant pour expliquer l'interêt de
Gomis (cinq livres sur croyances populaires entre 1884 et 1912) (17).

Ces écrits nous font penser, surtout, à un anarchiste romantique, passionné de
magie et des traditions qu'il voulait combattre et que lui expliquaient, pendant les
heures de relais, les ouvriers du chemin de fer. En effet, dans le préface de *La
bruixa catalana* (la sorcière catalane), par exemple, il nous parle des croyances

traditionnelles comme des ruines d'une ancienne réligion de la nature. Il oppose, cette religion de la vie et de l'amour au christianisme considéré comme réligion de la mort et du douleur: *"L'amour n'est qu'une réminiscence du culte à la nature. Malgré tous les obstacles qu'on lui oppose, il fera renaître et perpétuer ce culte. L'homme ne peut pas vivre dans l'étroite prison dans laquelle la nouvelle religion veut l'enfermer (...) Il y a des moments dans lesquels l'homme regrette sa religion perdue, dans lesquels il réclame ses images renversées, dans lesquels il veut revenir à ses fêtes anciennes et ludiques. L'homme s'étouffe parmi cette atmosphère d'encens et il a le désir ardent de respirer de nouveau l'air pur et salutaire de la campagne. Il regrette la nature et il veut revenir dans son sein. Il se sent mourir sous une lourde chappe de plomb et il veut vivre en pleine liberté. Peu lui importe la damnation éternelle."*(18)

La liberté et la raison comme expression de l'ordre de la nature semblent former, ensemble, le noyau le plus durable de l'univers idéologique de Gomis. Dans le centre de cet univers, il y a la foi en l'homme et au progrés guidé par la raison. La seule lumière qui peut éclairer la route de l'homme vers la justice et le bien-être, la science, comme expression la plus élaborée de la raison, constitue pour Gomis un instrument privilégié de connaissance et de jugement qui ne doit pas s'arrêter devant n'importe quel obstacle, croyance ou préjugé. Cette attitude illustrée informe aussi d'autres aspects de son itinéraire, indispensables pour comprendre sa trajectoire intellectuelle et, notamment, sa vocation pour le Folklore et l'amour de la nature du catalanisme.

En effet, l'"amour envers la nature", qui a constitué l'une de ses affections les plus intenses et constantes, ne dépend pas, pour Gomis, d'un sentiment indéfini, mais de la connaissance rationnelle de l'objet: *"Moi, quand je vois une forêt, j'y vois quelque chose de plus qu'une ornement du paysage, j'y vois la conservation de l'humidité, qui est la vie de la terre où nous habitons. Où il n'y a pas de fôrets, la pluie, loin d'être un bien, devient une vraie calamité, car tout est entraîné et emporté vers la mer. Quand je vois s'ouvrir une fleur, je reste enchanté par la façon dont elle prend ses plus belles couleurs pour recevoir dans son ovaire le pollen qui doit la féconder et assurer la reproduction de l'espèce. Même quand je vois une roche, je ne peux faire moins qu'admirer cet amour immatériel, nommé attraction, qui unit et maintient jointes avec autant de force ses molécules qu'il n'existe pas de moyen de les séparer sans se servir de la violence. Je sais que tout, dans la nature, même la foudre, qui purifie l'air, a un fin determinée. Et lorsque je sais que cette fin est bonne, je l'aime. Mais je ne pourrais savoir tout ça si je ne l'avais etudiée [la nature], si je n'avais fait plus que la voir dare-dare. Vu de cette façon, elle pourrait me plaire, mais jamais m'inspirer d'amour."* (19)

Le catalanisme de Gomis naît aussi de son engagement rationnel, comme expression de l'aversion à l'uniformité, si contraire à la liberté et à l'exemple de la nature. L'itinéraire intellectuel de Gomis sur ce thème reste parfaitement résumé dans une lettre adressée au General Ginestà en réponse à une consultation. Comme président de l'*Agrupació Folklòrica*, il s'était adressé à des intellectuels catalans sur la nécessité de reformer le texte d' "*Els segadors*" (l'hymne de la Catalogne, adopté et adapté pendant la seconde moitié du XIXe siècle à partir d'une chanson populaire historique). Dans cette lettre, datée le 1899, Gomis disait: "*Qu'est ce que vous voulez que je pense, mon ami Ginestà, d'un concours fait pour récompenser une composition poétique qui s'adapte à la musique d'"'Els segadors" et qui soit un cri de guerre contre la Castille? Il n'en peut pas résulter rien de bon. Les poésies faites sur commande sont toujours mauvaises. En plus, prêcher aujourd'hui la haine contre un autre peuple, n'importe lequel, seulement parce que les gouvernements qui parlent sa langue nous maltraitent, c'est tout simplement absurde. Le nouveau chant d'"'Els segadors", si un jour arrive, sera un chant contre tous les gouvernements, car tous agissent assez mal. Il sera un cri de hainte et de vengeance contre tous ces qui "tiennent la queue de la poële" (excusez-moi l'expression) soit à Madrid soit à Barcelone. Et, si je parle comme ça, ne pensez pas que je sois ennemi de l'autonomie de la Catalogne, tout au contraire: je la veux aussi large que possible, bien sûr, au point d'effrayer même ceux qui luttent dans les rangs les plus avancés du catalanisme. Pour moi, il faut commencer par l'autonomie individuelle dans chaque ville, par celle de chaque ville dans chaque région ou contrée naturelle, et finir, par celle de chaque contrée dans chaque nation. Substituer Barcelone à Madrid, la saleté d'ici à celle de là, ne vaut pas la peine de changer l'ordre des choses actuel.*" (20)

Dans l'ordre pratique cela veut dire, naturellement, un non-alignement avec les options politiques formalisées du régionalisme. Il ne s'agit, enfin, que d'une proclamation libertaire, d'une proclamation pleinement anarchiste face au régionalisme "d'Etat" pourrait-on dire. Mais, pourtant, comme d'autres anarchistes catalans (Pellicer, Guanyavents, Canibell,...), Gomis adhère au groupe dont Jordi Castellanos dit qu' "*idéologiquement ils sont des libertaires, mais, comme s'ils ne voulaient accepter le divorce dejà consommé entre fédéralisme et anarchisme, ils travaillent avec Almirall dans la volonté de transformer le mouvement de la Renaissance, qui leur apparait logiquement comme la "seule" culture catalane, dans un mouvement culturel et politique de caractère progressiste.*" (21) Une tâche aussi titanesque qu'inutile, comme l'histoire va le montrer.

Enfin, Gomis faisait pleinement partie de ce monde culturel hétérogène et même contradictoire qui a organisé l'anarchisme catalan et qui Josep Termes décrivait ainsi: "*Une nouveauté qu'a apporté l'anarchisme au monde ouvrier a été l'envie de se construire un monde culturel propre (absolument différent de la pensée marxiste et de la trame idéologique que créait la social-démocratie). L'anarchisme a généré une littérature sociale très vaste (et aussi une littérature) avec des matériaux procédents des courants les plus divers de la pensée politique, philosophique, scientifique, culturelle et littéraire. Il a assimilé la tradition illustre du XVIIIe siècle (Voltaire), les mythes de la Révolution Française (à*

*laquelle Kropotkine a dédié un gros volume) et la pensée démocratique et socia-
le (les jacobins, les hebertistes). Il a essayé d'approfondir les tendances démo-
cratiques libérales de la première moitié du XIXe siècle. Il s'est appuyé sur la littérature rationaliste et les libres-penseurs (Renan). Il a recueilli la philosophie
positiviste et le darwinisme et s'est montré fanatiquement partisan de toutes les
découvertes scientifiques. Il a incorporé à son idéal le naturisme, l'espérantisme
et le neomalthusianisme. En définitive, il a fait un creuset éclectique tout en géné-
rant une culture banlieusarde pour l'usage des masses industrielles urbaines, qui
ont tendu, très souvent, à blâmer les maux de la ville industrielle et à idéaliser le
monde rural».*

Dans le domaine de la lutte politique et sociale, l'anarchisme catalan défini, gros-
so modo, par l'anti-étatisme, l'apolitisme et le collectivisme fondés sur une base
syndicale. Mais sa pratique, pourtant, a été plus hétérogène et complexe: malgré
son apoliticisme, il s'est toujours declaré républicain (ou, mieux, anti-monar-
chique), défenseur du fédéralisme (tant celui des organisations ouvrières, comme
celui des communes et des peuples ou ethnies); créateur d'écoles laïques syndi-
cales, ou rationalistes, de sociétés culturelles populaires, ou libértaires. Donc,
sous de grandes idées, de grands mots, au XIXème siècle, il y a un anarchisme
très riche et divers, extraordinairement complexe, qui a produit des mouvements
et des figures très différentes."(22) Il devient facile de comprendre dans ce cadre
la pensée et l'oeuvre (parfois apparentment contradictoire), de Cels Gomis, même
l'oeuvre "ethnologique".

Pour achever: quelle a été l'influence de Gomis dans le développement de
l'Ethnologie Catalane? Peu de chose. D'abord parce qu'il n'a été, à la fin, qu'un cas
unique, isolé et marginal. Deuxiemement parce-qu'il, lui même, a exposé ses idées
avec une grande timidité (23).Troisièmement parce que le Folklore Catalan était à
l'époque parfaitement constitué et a su développer une course très solide et cohé-
rante, sans quitter jamais ses bases idéologiques, au moins jusqu'à la mort de
Ramon Violant (1956) et Joan Amades (1959).

L'intérêt assez limité de certains anthropologues actuels par Gomis , au-delà de la
curiosité qui peut éveiller sa personnalité, à contre-courant, anti-autoritariste,
vient de la necessité de chercher des ancêtres plus présentables, pour ainsi dire,
que l'ensemble des folkloristes catalans.

Mais c'est en vain.

En effet, les folkloristes, comme les juristes, les médecins higiénistes, les excur-
sionistes, etc., nous apportent des donnés, et même des rapports ethnographiques
venant d'une époque où malheureusement ils n'abondent pas, et qui, bien choisis
et contrastés, nous peuvent être d'une grande utilité. Voilà l'interêt de toutes ces
"ethnographies" et le besoin de les étudier. Egalement, on peut dire que les ana-

tomistes, raciologues, philosophes, etc., nous apportent des observations anthropologiques très intéressantes pour l'histoire des idées anthropologiques. Mais, ni
les uns ni les autres ne sont pas des anthropologues, ou même des pré-anthropo-
logues, sociaux ou culturels. Ni les uns ni les autres ne peuvent remplir un vide
dans l'histoire de l'Anthropologie espagnole, qui est un vide réel.

Nous sommes nous mêmes, nos propres ancêtres. Nous sommes, d'une certaine
manière, des orphelins. Et, si nous n'acceptons pas ce fait si simple, mais pas si
facile à assumer, je pense que l'histoire des idées anthropologiques et des études
ethnographiques en Espagne (si passionantes) sera toujours la victime d'un pas-
séïsme abusif et déformant.

Llorenç Prats,
Universitat de Lleida.

NOTES

1 Julio Caro Boroja à l'intérieur, le terrain de Julian Pitt-Rivers à Grazamela, *The People of the Sierra*, 1954, parmi d'autre.
2 Pour une histoire de l'anthropologie sociale et culturelle en Espagne, voir: Joan Prat, *Las ciencias sociales en Espana. Historia inmediata, critica y perspectivas: Antropologia y Etnologia*, Madrid, Editorial complutense, 1992.
3 Pourrait-on parler dans ces premières années à propos de l'Anthropologie espagnole (jus-qu'à la moitié de la décade des années quatre-vingt, à peu prés) d'un certain "anti-autorita-risme" interne, d'un recours même à la dépendance scientifique étrangère (américaine, bri-tannique mais aussi française) comme principe d'autorité alternatif? Je ne sais pas. Le pro-blème du pouvoir, du principe d'autorité extèrieure/intèrieure dans les anthropologie péri-phériques comme l'espagnole 'est trés intéressant mais aussi trés compliqué. En tout cas, rien à voir avec Cels Gomis et l'ethnologie catalane.
4 Voir, par exemple, quelques unes des "histoires régionales" -pas toutes publiées- dans La *Anthropologia Cultural en Espana. Un siglo de Antropologia*, A.Aguerre éd., Barcelona, Promociones y publicaciones universitarias, 1986.
5 Pour une histoire synthétique du folklore en Catalogne, voir, Llorenç Prats, "los prece-dentes de los estudios etnologicos en cataluna, folklore y Ethnografia (1853-1959)" in J. Prats, U. Martinez, J. Contreras & I. Moreno eds., *Antropologia de los pueblos de Espana*, Madrid, Taurus, 1991, pp.77-86.
6 Notamment le respect à la réalité des informateurs, l'indication des données de base de la collecte et, éventuellement quelques notes comparatives érudites plus ou moins riches.
7 Pour une histoire du Folklore catalan dans le cadre de la *Renaissance*, voir mon livre, *El mite de la tradicio popular. ELs origens de l'interes per la cultura tradicional a la catalu-nya del segle XIX*, Barcelona, Edicions 62. Pour élargir quelques unes des idées exposées ici, on peut lire, en français, mon article, "invention de la tradition populaiore et construc-tion sociale de l'identité en Catalogne" in *Ethnologie et patrimoine en Europe,*, Paris,

Mission du patrimoine ethnologique/maison des Sciences de L'Homme.

8 L'ouvrage classique à consulter sur la pensée et l'évolution politique et idéologique d'Almirall est : J.J. Trias Vejareno, *Almirall y los origenes del catalanismo*, Madrid, Siglo XXI, 1975.

9 Nous n'avons pas encore une étude approfondie sur la trajectoire et l'oeuvre de Cels Gomis. Pour le moment on peut utiliser mon article,"Cels Gomis i la cultura tradicional» *La bruixa Catalana*, Barcelona, Alta Fulla, 1987, pp.5-31.

10 Josep Termes parle de Gomis, à cette époque, comme d'une figure prestigieuse, trés connue dans le monde ouvrier (*El movimiento obrero en espana. La primera Internacional (1864-1881)*, Barcelona, universitat de Barcelona, 1965, p.35, et *Anarquismo y sindicalismo en Espana. La primera Internacional (1864-1881)*, Barcelona, Ariel, 1972, p.53).Enfin, Jose Alvarez Junco (in Anselmo Lorenzo, *El proletariado militante*, Madrid, Alienza, 1974, pp;451-452), et d'autres considèrent en effet que Gomis aurait joué un rôle trés important dans la pénétration du bakounisme en Espagne, mais on ne dispose pas encore d'une recherche documentée assez détaillée sur ce point.

11 Kropotkine, lui même a condamné l'attentat du Grand Theâtre del Liceu (deux bombes et une vingtaine de morts) à Barcelonne, en 1893.

12 Le 15 Novembre 1907, il publie dans la revur *Catalona* (fondée et dirigée par lui même) ce qu'on peut considérer son dernier manifeste politique, "lo que queremos y lo que no queremos" (ce que nous voulons et ce que nous ne voulons pas) . Là, on trouve un Gomis fidèle à ses constantes idéologiques, mais guéri des emportements, qui a substitué à l'exigence péremptoire de l'émancipation des travailleurs, un appel générique à la tolérance et à la liberté dans tous les ordres de la vie sociale et politique.

13 Voir notamment *El catolicismo y la cuestion social* ("Le catholicisme et l'affaire sociale) (1886) et *A las madres* (1887) (tous les deux ananymes, naturellement)

14 Les ouvrages didactiques que Gomis a écrit comprennent pratiquement tous les aspects de l'enseignement primaire, dés les premières lettres et les premiers chiffres jusqu'à la grammaire, les mathématiques, et, surtout, la géographie et les sciences naturelles. Beaucoup de ces livres étaient précédés par des notes adressées aux enseignants pour défendre des méthodes d'enseignements rationnelles, non fondées sur la mémoire et orientées vers la satisfaction des besoins de la vie quotidienne.

15"Lo que convé és recollir totes les preocupacions populars, no per a perpetuar-les, com creuen alguns, sino per a destruir les , conservant les solsement escrites per a qué en temps a venir pugui el poble comparar son estat de progrès amb lo d'endarreriment en qué vivien sos antepassats i vivim encara nosaltres avui" Cels Gomis, "La Lluna segons lo poble", *l'Avens*, 1884, p.192.

16 Il y avait un précédent assez intéressant, mais qui n'e s'est pas poursuivi dans l'oeuvre de son auteur: "las bruixas" (les sorcières), une série de quatre articles publiés en 1880 par Francesc de S. Maspons i Labros dans la revue *Lo Gay Saber* (vols. XXI-XXIV, pp. 235-237, 247-249, 259-261,271-274).

17 *Lo llamps y'ls temporals* (1884), *Meteorologìa y agricultura populars* (1888), *botanica popular* (1891), *Zoologia popular catalana* (1910) et l'édition définitive de *La Lluna segons lo poble* (1912) (première édition 1884), sans compter *La bruixa catalana*, inédite durant la vie de l'auteur.

18 "L'amor no és més que una reminiscencia del culte a la natura. Ell, malgrat tots els entrebancs que se li oposin, fara reneixer i perpetuar aquest culte. L'home no pot pas viure dintre l'estreta preso en qué la nova religiò vol tancar lo (...) Hi ha momants en que enyora la seva religio perduda, en que reclama les seves imatges enderrocades, en que vol tor-

nar a las seves festes antigues i rialleres. L'home s'ofega enmig d'aquella atmosfera d'encens i te ansia de respirar novament l'aire pur i sanitos dels camps; enyora la natura i vol viureen plene libertat . poc li importa la condemnacio eterna". Cels Gomis, *La bruixa catalana*, Barcelona, Alta fulla, 1987, pp.38-39 (1910).

19 "Jo, quan veig un bosc, hi veig quelcom mès que un adornament del paisatge, hi veig la conservacio de la humitat, que és la vida de la terra que habitem. On no hi ha boscos, la pluja, en lloc de ser un bé , es una veritable calamitat, puix tot ho arrossega i s'ho emporta cap a mar. Quan veig obrir-se una flor, quedo encantat veient com pren els seus mes belles colors per a rebre en el seu ovariel pol len que l'ha de fecundar assegurar la reproducciò de l'espécie .Fins quan veig una roca no puc menys d'admirar aquell amor immaterial, nomenat atracciò, que fa unir i manté juntes amb tal força las seves molècules, que no hi ha medi de separar- les sense usar de violència. Sé que tot, en la naturalisa, fins el llamp, que purifica l'aire, té un fi determinat, i , com que sé que aquest fi es bo, per aixo l'estimo. Pérò jo no podria saber aixo si no l'haguès estudiada, si no hagues fet mès que veure-la a corre cuita. Vista d'aquesta manera, podria agradar-me, mai inspirar-me amor". Cels gomis, "l'amor a la naturalesa" (l'amour vers la nature), *Butlletì del centre Excursionista de Catalunya*, 1912, p.60.

20 "Què vol que em sembli,amic ginestà, del certatem par a premiar una composiciò poética que s'adapti a la musica d' "els segadors" i sigui un crit de guerra Castella? Que no en sortirà res de bo. Les poésie fetes d'encàrrec sempre sòn dolentes. Adémes, predicar avui l'odi contra un altre poble, sigui el que sigui, sols perquè els governs que parlen la seva llengua ens maltracten, ès senzillament un absurdo. Lo nou cant d' "els segadors", si algun dia es fa, séra contra tots los governs, puix tots los governs, puix tots ho fan prou malament. Sera un crit d'odo i de venjança contra tots los que "tallen el bacalla", dispensi'm lo modisme, tant si ho fan a Madrid com a Barcelona. I al parlar aixis no es pensi pas que jo sigui enemic de l'autonomia de catalunya, ans al contrari : la vull tan amplia que de segur que se n'esgarrifarien fins los que lluiten en les files més avanàades del catalanisme. Per a mi s'h de començar per l'autonomia individual dins de cada poble, per la de cada poble dins decada regiò o encontrada natural, i acabar per la de cada encontrada dins de cada naciò. Per substituir Barcelona a Madrid i la brutìcia d'aquì a la d'alli, no val la pena de canviar l'ordre de coses actual.

21 ("Ideològicament son llibertaris, però, com si no volguessin acceptar el divorci ja consumat entre federalisme i anarquisme, treballen amb Almirall en la voluntat de transformar el moviment de la Renaixança, que els apareix lògicament com l' "unica" cultura catalana, en un moviment cultural i politic de caracter progressista.") Jordi Castellanos, "Aspectes de les relacions entre intellectuals i anarquistes a Catalunya al segle XIX (A proposit de pere coromines)" *Els Marges* nùm.6, Barcelona, 1976, p.11.

22 ("Una novetat que va aportar l'anarquisme al mòn obrer va esser la seva dèria de construi-se un mòn cultural propi (absolutament diferent del pensament marxista i de l'entramat idéologic que creava la socialdemocracia).L'anarquisme va generar une literatura social vastissima (i una literatura literaria, valgui la redundància) amb materials procedents dels més diversos corrents de pensament polìtic, filosòfic,cientìfic, cultural i literàri. Va assimilar la tradiciò dels illustrats del segle XVIII (Voltaire), els mites de la revoluciò Francesa (a la qual Kropotkine va dedicar un gros volum) i el pensament democràtic i social que aquesta va gestar (els jacobin, els hebertistes) ; va intentar d'aprofundir les tendencies democràtiques liberals de la primera meitat del segle XIX; es va recolzar en la literatura racionalista i lliurepensadora (Renan) ; va recollir la filosofia positivista i el darwinisme, i es va mostrar fanàticament partidari de totes les divulgacions cientifiques. Va incorporaral seu ideari el naturisme, l'esperantisme i el neomalthusianisme. En definitiva,

va fer de gresol eclèctic generant une cultura suburbial per a ùs de les masses industrials i a idealitzar el mòn rural.

En el terreny de la lluita politica i social l'anarquisme català venia definit, a grans trets, per l'antiestatisme, l'apoliticisme i el collectivisme de base sindical. La seva pràctica, però, fou mès matisada i complexa: tot i el base sindical. la seva pràctica, però, fou més matisada i complexa : tot i el seu apoliticisme, es declarà sempre republicà (o, millor, antimonàrquic), defensor del federalisme (tant de les organitzacions obreres, com dels municipis i dels pobles o ètnies); creador d'escoles laiques sindicals, o racionalistes, d'ateneus populars, o llibertaris. Per sota , doncs, de les grans idees, dels grans mots, hi ha un anarquisme deci-monònic molt ric i variat, extraordinàriament complex, que va produir moviments i figures de signe ben diferent.")

Josep Termes, "El moviment obrer des de la primera internacional fins al 1898" in *Història de Catalunya* (6 vols.) , Barcelona, Salvat, vol.5, P. 268.

23 Quand on a publié la *Miscelània Folk-lòrica* en 1887, Gomis l'a critiqué dans les pages d'un journal mais sous un pseudonyme (G.,"Cartas sobre la MiscelànéaFlok-lòrica", *L'Arch de Sant Martì* 1887). La Miscelànea Folk-lorica est un volume collectif des folklo-ristes-excursionistes du groupe «Folk-lore Català" (Gomis qui en fait parti lui-même, pour mieux se cacher, critique aussi-trés doucement- son article). Dans ce volume ont écrit des insignes défenseurs de l'idée de la Catalogne patriarchale tels que Francesc de Sales Maspons i Labròs, Carles Bosch de la Trinxeria ou Gaietà Vidal i Valenciano. Et encore, il n'a jamais osé publier de son vivant *La bruixa catalana,* imprimée pour la première fois en 1987, qui contient l'un de ses écrits sur la superstition les plus sincères et les plus beaux - la préface- et aussi l'un des plus durs -du point de vue du folfloriste- contre l'Eglise: "cato-licisme i supersticio".

24 Pour le déloppement de quelques une de ces idées, voir, Joan prat "El discurso antro-pològico y el discurso folklorico en el Estado espanol: un ensayo de caracterizaciòn " in *IV Congreso de Antropologia* Alicante, 1987, inédit. Il existe une version réduite - mais moins intéressante- "Historia. Estudio introductorio" in J.Prat, U.Martinez, J. Contreras & I. Moreno (eds), *Antropologia de los pueblos de Espana*, Madrid, Taurus, 1991, pp.13-32. On peut lire aussi mes articles, "L'estudi històric de les formes de vida populars a la cata-lunya contemporània (s. XIX)" in *Simposi d'Antropologia Cultural sobre Xavier Fàbregas*, Barcelona, Publicacions de l'Abadia de Montserrat, pp.37-55 et "Ramon Violant i Simorra com a motiu de reflexiò sobre la pràctica de la historia de l'Antropologia Espanya i a Catalunya" in *Aportacions a la Història de l'antropologia catalana i hispanica*, Barcelona, Generalitat de Catalunya, pp.103-114.

25 On peut trouver la presque totalité de ces écrits dans la biblioteca Serra i Pagès et l'hé-mérothèque de l'Institut Municipal d'Història de la Ciutat de Barcelona, dans la biblio-thèque du centre Excursionista de Catalunya et dans la Biblioteca Arùs, aussi à Barcelone.

Annexe. Bibliographie folklorique de Cels Gomis.

1882

"Aplech de cansons populars catalanas", *Anuari de l'Associació d'Excursions*

Catalana, 1882, pp. 493-513 (jointement avec Josep Cortils i Vieta et Vicenç Plantada i Fonolleda, anoté par Francesc de S. Maspons i Labrós).

1884
Lo llamp y'ls temporals, Barcelona, Biblioteca popular de l'Associació d'Excursions Catalana (BPAEC), vol. I.
(avec un préface de Francesc de S. Maspons i Labrós et un appendice de Ramon Arabia i Solanas).

1884
"La lluna segons lo poble", *L'Avens*, 1884, pp. 164-170 i 184-192. Aussi dans la Biblioteca de L'Avens, Barcelona, 1884. Nouvelle édition, *Butlletí del Centre Excursionista de Catalunya (BCEC)*, 1900, pp. 84-91, 113-116, 153-165, 203-208 et 226-232. Nouvelle édition augmentée: *La lluna segons lo poble*, Publicacions de la Secció de Folklore del Centre Excursionista de Catalunya, vol. IV, Barcelona, 1912. Nouvelle édition: Lectura popular, núm. 174, s.d.

1884
"Lliteratura oral catalana", *L'Avens*, 1884, pp. 244-250. Nouvelle édition corrigée et augmentée: "Folklore català", Arxiu d'Estudis del Centre Excursionista de Terrassa, 1912, pp. 82-89, 174-179, 191-195 et 206-210.

1887
"Costums empurdanesas: Dinars de morts, honras grassas", *Miscelánea Folk-lórica*, Barcelona, BPAEC, vol. IV, pp. 38-49. Nouvelle édition facsimilé: José J. de Olañeta ed., Barcelona, 1981.

1887
"Cartas sobre la Miscelánea Folk-lórica", *L'Arch de Sant Martí*, 1887, pp. 481-483, 504-506, 557-559, 621-624, 673-676, 745-746, 826-829, 856-858 et 875-877. Signées G. Reproduïtes, avec des censures, au Butlletí de l'Associació d'Excursions Catalana (BAEC), 1887, pp. 106-109, 191-199 et 215-222.

1888
Meteorología y agricultura populars, Barcelona, BPAEC, vol. V.

1890
"Tradicions de Cardó", *BAEC*, 1890, pp. 220-226.

1891
Botánica popular, Barcelona, BPAEC, vol. VI. Nouvelle édition élargie et modifiée: *Dites i tradicions populars referents a les plantes*, Barcelona, Montblanc-Martin et Centre Excursionista de Catalunya, 1983.

1892
"Tradicions fabarolas", *BCEC,* 1892, pp. 59-63.

1893
"El triai (festa popular olotina)", *L'Avenç,* 1893, pp. 280-282.

1894

"De com se formá l'estany de Las Presas", *BCEC,* 1894, pp. 258-260.

1895
"La invenció de la fanga y dels arpells", *BCEC,* 1895, pp. 168-169.

1895
"Gnomos y follets", *BCEC,* 1895, pp. 223-226.

1896
"L'arpa de Davit", *BCEC,* 1896, p. 192.

1896
"Origen d'un modisme ampurdanés", *BCEC,* 1896, pp. 234-235.

1897
"Follies particulars de Fraga, de Mequinença y de Tortosa", *BCEC,* 1897, pp. 112-115.

1900
"La lluna segons lo poble". Voir, "La lluna segons lo poble", 1884.

1901
"Literatura oral catalana", *BCEC,* 1901, pp. 12-13, 35-37, 134-137, 163-174 et 185-196.

1902
"En Francisco de S. Maspons y Labrós", *BCEC,* 1902, pp. 42-46.

1902
"L'excursionisme y el folk-lore", *BCEC,* 1902, pp. 46-50.
1904
"Un dijous Sant a St. Esteve de Bas", *Catalunya,* fevrier de 1904, pp. LXVII-LXXV. Nouvelle édition: BCEC, 1915, pp. 74-83.

1910
Zoologia popular catalana, Barcelona, Biblioteca folklòrica del Centre Excursionista de Catalunya.

1912
"Folklore catalá". Voir "Lliteratura oral catalana", 1884.

1912
La lluna segons lo poble. Voir "La lluna segons lo poble", 1884.

1915
"Un dijous Sant a St. Esteve de Bas". Voir "Un dijous Sant a St. Esteve de Bas", 1904.

1983
Dites i tradicions populars referents a les plantes. Voir *Botánica popular*, 1891.

1987
La bruixa catalana, Barcelona, Alta Fulla.

s.d.
La lluna segons lo poble. Voir "La lluna segons lo poble", 1884.

On peut trouver la presque totalité de ces écrits dans la Biblioteca Serra i Pagès, à l'Institut Municipal d'Història de la Ciutat de Barcelona, dans la bibliothèque du Centre Excursionista de Catalunya et dans la Biblioteca Arús, également à Barcelone.

Llorenç Prats
Université de Bercelone

Une vie et une oeuvre
en marge du «système»
la parenthèse suisse d'Arnold Van Gennep

Mon propos ne saurait embrasser l'ensemble de la vie et de l'oeuvre d'Arnold Van Gennep - je n'ose parler de carrière puisque ce savant fut systèmatiquement écarté, à une exception près, de tout poste universitaire -. Son existence fut longue et riche et l'ampleur de son oeuvre presque incroyable: pour la seule année 1911, celle qui précède sa nomination à Neuchâtel (Suisse), sa bibliographie compte dix-neuf titres; pour l'année 1932: vingt-six! Je me bornerai ici aux années passées en Suisse.

Dans sa remarquable contribution consacrée au "Manuel de folklore français", parue dans les Lieux de Mémoire, dirigés par Pierre Nora, Daniel Fabre affirme que Van Gennep est un "anarchiste de conviction" (1991: 654). Plusieurs indices vont dans ce sens, entre autres sa fréquentation du prince Kropotkine (1842-1921), théoricien de l'anarchie, et le fait, révélé par les archives fédérales helvétiques, que, lorsque Van Gennep fut expulsé de Suisse en octobre 1915, la police bernoise fit figurer notre savant dans une liste, communiquée à Berlin, d'anarchistes italiens expulsés au même moment. Il est probable qu'il y eut, dans sa vie, d'autres amitiés et d'autres contacts avec les réseaux anarchistes.
Quoiqu'il en soit, la vie et l'oeuvre de Van Gennep témoignent d'un caractère original, dégagé de tout conformisme, étranger à tout embrigadement, à toute affiliation à un parti même révolutionnaire (Fabre 1991: 654-655); son style vif, personnel, spontané, est éloigné de tout formalisme. S'il ne put accéder à un poste dans l'Université française, s'il reste en quelque sorte en marge, hors cadre, il n'as-

pira pourtant pas à une vie d'ermite, fût-ce à Bourg-la-Reine où il a passé une partie de son existence; il ne méprisa nullement les institutions ni le monde universitaire.

Sa formation - Langues Orientales et Hautes Etudes - a sans doute contribué à le maintenir à l'écart des filières universitaires classiques, tout comme un éloignement théorique et méthodologique durable des durkheimiens, qui occupaient alors presque tous les postes, toutes les chaires de sociologie et des disciplines voisines. Une autre caractéristique, liée à sa personnalité, l'a écarté des filières conformistes: son extrême indépendance d'esprit et l'incroyable éventail de ses intérêts; les thèmes de ses chroniques au Mercure de France en témoignent.

L'extériorité par rapport à l'Université ne fut donc pas tant recherchée qu'imposée. En réalité, on est loin d'un Van Gennep refusant, par idéologie libertaire, fonctions, distinctions et postes officiels. Il a au contraire longtemps aspiré à une chaire d'enseignement. Une première fois au Collège de France en 1911, puis à Neuchâtel en 1912, avec succès pour la seule et unique fois, mais pour peu de temps. Il espère être nommé à Lausanne en 1921, au Collège de France à nouveau en 1924, à Bucarest en 1926, où il projetait d'organiser le Second Congrès d'Ethnographie et d'Ethnologie. En 1931 encore, il a alors cinquante-huit ans, il se plaint dans une lettre à l'égyptologue Gustave Jéquier d'être toujours sans poste, et cette absence de situation a fait de Van Gennep un véritable esclave des travaux d'écriture: traductions et articles - entre autres dans le Mercure de France - qui assuraient sa subsistance.

Plutôt qu'un ethnographe contre l'Etat, Van Gennep se trouve plutôt un mal-aimé de l'Autorité, vivant difficilement ses relations avec la science orthodoxe et les institutions du monde savant. Il est, en profondeur, en conflit avec ses "racines"; né Allemand d'un père d'origine huguenote et d'une mère hollandaise dont il a choisi de porter le nom, il se trouve en rupture avec l'Allemagne à la suite du divorce de sa mère et prend la nationalité française. Bientôt il se brouille avec sa mère et son beau-père à la suite de son mariage. Enfin, pendant les deux premières années de la Première Guerre mondiale, il vit et travaille en Suisse.

Le séjour en Suisse, de 1912 à 1915, à l'Université de Neuchâtel, est un bon révélateur de son intransigeance ombrageuse, de son refus de se plier aux contraintes et à l'obligation de réserve telles que l'impose un pays comme la Suisse, neutre et entouré de belligérants. Au contraire, refusant d'abdiquer son franc-parler, il va prendre tous les risques.

Dans cette petite ville de 20 000 habitants qui vient de transformer son Académie en Université grâce à l'appui d'une élite aristocratique et bourgeoise et de banquiers-mécènes, un petit groupe où l'on trouve le grand anthropologue-missionnaire Henri-A. Junod, Gustave Jéquier et un professeur de géographie entreprend de créer une chaire d'ethnologie, intitulée alors "chaire d'histoire comparée des civilisations". Ces savants la font attribuer à Van Gennep à la fin de 1912.

Les choses ne vont pas toutes seules: les professeurs de l'Université de Neuchâtel en ce temps-là vivent du revenu de leur fortune personnelle ou de l'enseignement qu'ils doivent au lycée, et non pas des deux heures hebdomadaires qu'ils donnent à l'Université. Il a donc fallu trouver un financement privé pour assurer de quoi vivre au nouveau professeur. Malgré des honoraires étoffés, Van Gennep est toujours endetté, souvent en voyage: certains de ses collègues se plaignent qu'il donne ses cours irrégulièrement, et murmurent que d'autres disciplines seraient plus nécessaires que l'ethnologie aux étudiants se destinant au missionnariat ou au négoce outre-mer. Malgré les obstacles rencontrés, Van Gennep se met dès son arrivée à préparer, pour l'été 1914, la mise sur pied d'un premier Congrès d'Ethnographie et d'Ethnologie.

L'entreprise est ambitieuse, audacieuse et controversée; elle va dresser une partie de l'establishment scientifique contre notre savant. En effet, le Congrès projeté ne respecte pas l'agenda et la périodicité des grands congrès d'anthropologie, d'ethnographie et de préhistoire, établis par les sociétés savantes allemands et anglaises. En outre, Van Gennep prétend rompre avec ce qui faisait l'unité de la discipline en écartant du programme et l'anthropologie physique et la préhistoire, ainsi que les autres sciences historiques. Il affirme fièrement: "Ce congrès marque le début d'une ère nouvelle, celle de l'affranchissement définitif de nos sciences vis-à-vis des sciences qui jusque là avaient réussi à les étouffer".

Le Congrès est un succès pour Neuchâtel, mais les grandes sociétés savantes internationales boudent, les Anglo-Saxons s'abstiennent. Seule, la France envoie une délégation, comprenant le Dr. Verneau et Marcel Mauss. Quelques semaines après la clôture, la Première Guerre mondiale éclate, étouffant l'écho du Congrès. Les Actes, qui devaient être publiés à Paris avec l'aide financière et morale du prince Roland Bonaparte, sont égarés, et de toutes façons le prince voit ses revenus diminués par la guerre. Et le Congrès, dont Van Gennep était si fier, sera oublié, oubli si profond qu'une thèse récente, soutenue à Berkeley (Lévy Zumwalt R. 1988), assure qu'il n'a jamais eu lieu! L'"ère nouvelle", proclamée par Van Gennep n'aura été qu'une chimère.

La Première Guerre mondiale vécue en Suisse, au début du moins, par notre savant, va faire la preuve de son tempérament ardent, sans compromis ni souplesse. Pendant ce conflit, la Suisse est divisée, déchirée même en deux parties. La Suisse alémanique, sensible au prestige de la culture allemande, ses journaux et le commandement supérieur de l'armée sont germanophiles. Les Romands sont en grande majorité francophiles, et, entre les deux parties, il y a des affrontement violents dans la presse, et pas seulement dans la presse; des manifestations de rues laissent parfois pantois même les témoins des pays belligérants, et l'on comprend que les Autorités fédérales s'inquiètent de tout ce qui pourrait ajouter à la division du pays, à tout ce qui pourrait jeter le doute sur la neutralité de la Suisse, et ainsi la mettre en danger.

Disons-le tout de suite, Van Gennep se montre d'un nationalisme, d'un patriotisme intransigeant, contrairement à d'autres exilés nihilistes ou pacifistes. Sa francophilie exacerbée est sans doute à mettre en rapport avec sa condition de naturalisé, vivant à proximité de sa patrie, mais loin des périls du front. Il est sans doute plus vif que ce qu'on aurait pu attendre d'un ethnographe non conformiste, qui avait, à peine une année auparavant, publié un livre: En Algérie, paru en 1914, où il s'était montré sévère pour la colonisation française.

La fin de son séjour en Suisse est désormais connue (v. Centlivres et Vaucher 1994). Van Gennep publie une série de cinq articles dans La Dépêche de Toulouse, sur la politique et l'économie de la Suisse dans l'Europe en guerre, articles aussi bien informés que provocants pour les Autorités fédérales qu'il accuse, avec quelque raison, de céder aux pressions allemandes, de laisser "prussianiser" l'armée et de mettre en danger, par la censure, la liberté d'expression. Ces articles sont fort bien documentés et portent, par exemple, sur le viol des garanties de non-réexportation des matières premières livrées à la Suisse par les Alliés, et sur l'état de l'opinion publique. Ils font preuve d'une connaissance approfondie, que pourrait envier la presse française de 1995, du système fédéral helvétique.

Le bureau de la Censure était placé sous autorité militaire. A la suite d'une dénonciation, une enquête est ouverte sur l'auteur des "Lettres de Neuchâtel" publiées dans La Dépêche de Toulouse et signées "Raugé", nom du beau-père de Van Gennep. Interrogé par la police neuchâteloise sur l'ordre de la Sécurité militaire, Van Gennnep ne cache nullement qu'il est l'auteur des textes incriminés. Lui qui avait fait l'éloge de la démocratie directe, inséparable de la liberté d'opinion en Suisse, est expulsé en octobre 1915 pour "mise en danger des bonnes relations de la Suisse avec des Etats étrangers" et pour avoir "discrédité le Gouvernement de la Confédération" aux yeux de ses lecteurs! (Centlivres et Vaucher 1994: 99). Dans un de ses articles de La Dépêche de Toulouse, Van Gennep avait avec raison exprimé la crainte de voir la raison d'Etat l'emporter sur l'esprit de liberté.

L'expérience suisse sera mise à contribution par Van Gennep dans son Traité comparatif des Nationalités qui devait avoir trois volumes et dont un seul a paru, en 1922. L'auteur y insiste sur l'hétérogénéité des composants de la nationalité helvétique, mais aussi, à peu près en même temps que Max Weber, sur les éléments emblématiques et subjectifs de l'identité nationale, sur la force de cohésion qui, malgré le pluralisme linguistique et culturel, sort renforcée en Suisse alémanique en particulier, grâce à l'usage de dialectes locaux qui la différencient des autres pays germaniques.

Face à la mesure d'expulsion, ses collègues de l'Université réagissent à peine. Dans une lettre envoyée à la Feuille d'Avis de Neuchâtel quelques jours avant son départ forcé, Van Gennep reprend le thème, classique à l'époque, de la civilisation universelle contre la Kultur au service de l'expansionnisme allemand en Europe, mais déclare pourtant "s'incliner devant un pouvoir qui représente le peuple suisse".

L'expulsion du professeur s'inscrit dans la petite histoire de la neutralité suisse; elle fait ressortir aussi certains traits du caractère et des préoccupations de la victime: indépendance et vivacité d'esprit, hostilité à la raison d'Etat, intérêt pour la question des nationalités et de la nature du lien social au sein des communautés nationales. Mais cette direction de recherche, il allait l'abandonner après la parution du premier tome (et dernier) du Traité des Nationalités.

Le retour en France fut loin d'être triomphal; considéré par erreur comme déserteur par les Français, il fut mis aux arrêts pendant quelques semaines, puis fut engagé comme traducteur au service de l'information du Ministère des Affaires Etrangères.

Deux ouvrages, parmi la production de la période neuchâteloise, méritent d'être considérés de plus près. On y trouve une veine, une voix libertaire, ou du moins une pensée hostile aux systèmes d'autorité et de contrainte. Il s'agit de En Algérie, publié en 1914, à la suite d'un séjour de plusieurs mois en 1912-1913, et de Le Génie de l'organisation, paru en 1915.

Commençons par le second. Il s'agit d'une oeuvre de circonstance, rédigée à Neuchâtel et publiée à Paris: un livre de propagande - ou de contre-propagande - antiallemande portant le sous-titre: La formule française et anglaise opposée à la formule allemande. Ce pamphlet est dirigé contre la discipline et l'obéissance aveugles à la raison d'Etat. L'auteur prend comme point de départ un écrit du chimiste et prix Nobel allemand Wilhelm Ostwald, affirmant que la supériorité allemande dans les sciences, la culture et l'administration était due à "un secret de la race germanique", le "facteur de l'organisation". Van Gennep au contraire voit dans l'organisation à l'allemande une force de contrainte uniformisante, et lui oppose l'individualisme "corrigé" par la coopération dans la liberté, par le lien volontaire entre les hommes.
La Suisse justement apparaît à Van Gennep comme le terrain même de la confrontation des deux formules, l'allemande inspirant les Autorités helvétiques, l'Armée et une partie de la presse alémanique, la franco-anglaise, soit celle de la coopération, inspirant les Romands individualistes mais librement associés! L'ouvrage

contient également les attaques alors courantes contre la culture intellectuelle allemande, liée à une éducation militariste, à l'esprit de caserne: "L'Allemagne et ses alliés vivent encore sous le régime de 'exploitation et de la subordination, alors que les peuples vraiment civilisés veulent organiser le régime de la coopération fondé sur la liberté". Cultivant l'antithèse fameuse Kultur/civilisation, Van Gennep affirme que l'antidote au mauvais génie allemand réside dans une civilisation mondiale; il est convaincu qu'en mettant en lumière la formule franco-anglaise, il défend l'universalisme contre le particulier, l'individualisme contre les contraintes, la fraternité et la liberté de l'esprit contre l'autoritarisme. Il se déclare "pour un esprit de critique intellectuelle contre l'esprit d'autorité" et afirme: "Les esprits libres n'ont pas à craindre la victoire définitive de la force à base autoritaire".

Après d'autres, l'auteur met en avant l'idée des Etats-Unis d'Europe, fondés sur la coopération et basé sur le principe du fédéralisme. Au-delà du discours de commande et des propos convenus, on trouve dans l'ouvrage de Van Gennep une forme de pensée proche de l'autogestion.

Des termes tant ressassés, tels que coopération, individualisme, liberté, ou encore exploitation, uniformisation, subordination renvoient à un texte de Van Gennep peu connu, beaucoup plus personnel: le dernier chapitre de En Algérie. Le livre est fait de croquis de la vie indigène et d'enquêtes sur les croyances populaires. L'auteur y porte un jugement sévère sur la colonisation européenne, au nom de ce qu'il appelle "Nos Grands Principes", qui est le titre du dernier chapitre. Il ne s'agit pas ici d'une oeuvre de commande, mais d'une vingtaine de pages qui brossent une fresque grandiose: le panorama des principes philosophiques et politiques à l'oeuvre, selon l'auteur, dans le monde moderne.

Ces Grands Principes, auxquels l'ethnographe accorde tant d'importance, ce ne sont pas explicitement les droits de l'homme, mais le legs de la Révolution française, soit la Liberté, l'Egalité, la Fraternité. En plein contexte colonial, il pose le problème de la pertinence de ces principes, d'une part dans la relation colonisateur-colonisé, d'autre part dans la revendication d'autonomie des jeunes mouvements nationalistes en plein éveil au début du siècle: les jeunes Turcs et les jeunes Syriens en particulier.

La triade de liberté, égalité, fraternité, Van Gennep en voit l'origine lointaine dans le christianisme, mais surtout dans la pensée de la Renaissance puis de celle des Lumières, et plus particulièrement dans celle de Jean-Jacques Rousseau. A cette triade s'oppose une autre triade, une autre séquence de principes à l'oeuvre dans les régimes autoritaires, dans les Empires de l'Antiquité comme dans les sociétés tribales à chefferie, ce sont les principes de l'Arbitraire, de la Hiérarchie et du Particularisme: arbitraire du pouvoir et du commandement, hiérarchie des rangs et des conditions rigidement séparés, particularisme de la fermeture.

La première triade, le premier paradigme pourrait-on dire
- Van Gennep quant à lui parle de tendance ou de série - c'est ce qu'il appelle la
série rousseauiste; la seconde, selon lui, la série pharaonique, quelque chose
comme le despotisme oriental.

L'auteur ne tient nullement un discours idéaliste; il est sans illusion sur la politique coloniale, qu'il qualifie d'"'antilibertaire, antiégalitaire et antifraternitaire".
Aucun des deux paradigmes, selon lui, ne se rencontre à l'état pur; ni dans l'individu, ni dans les sociétés. Mais s'il y a un progrès de la civilisation, il tend vers la
première série, la rousseauiste, et les Elites des peuples colonisés qui aspirent à
être maîtres de leur destinée combattent à partir et au nom de ces principes, tout
en montrant sans peine que les dominants ne les respectent pas.

Le phénomène colonial représente une régression des colonisateurs vers la série
pharaonique, c'est-à-dire vers l'arbitraire, l'inégalité, l'autoritarisme. Le colon, tra-
hissant les principes de la civilisation dont il se réclame, domine le colonisé à partir du paradigme même qui asservissait le peuple conquis et dont l'abolition était
pourtant la justification de la conquête.

Là encore, Van Gennep ne navigue pas en pleine utopie. Il voit bien que les deux
séries, la rousseauiste et la pharaonique, s'articulent en une dialectique complexe.
Il y a un jeu de forces antagonistes, un compromis selon lequel "l'opposition de
ces deux systèmes absolus se résout par chaque expérience dans la pratique" (van
Gennep 1914: 208), pas de "victoire définitive de l'un ou de l'autre des deux abo-
lus" (id.), mais ce que l'auteur appelle une "courbe (...) de compromis" (id.).

Chacune de ces deux "conceptions globales opposées" se dissocie en un certain
nombre de termes placés en opposition. Parmi ceux qu'énonce Van Gennep, men-
tionnons (1914: 210-211):

- amour de la nature	- dédain de la nature
- respect de l'individu	- mépris de l'individu
- coopération	- exploitation
- notion d'humanité spécifique	- notion de clan
- équivalence des êtres	- hiérarchie des êtres
- équivalence des civilisations et des cultures, après étude [!]	- subordination des civilisations et des cultures par mépris et ignorance
- indifférence religieuse	- intolérance active

Dans la vie courante cependant, ajoute notre auteur, il est impossible de se
conformer absolument à un de ces principes. Dans une situation coloniale, "nous
serons obligés de nous conduire vis-à-vis des (...) populations indigènes selon
leur conception [c'est-à-dire selon la conception pharaonique], et non d'après la
nôtre" (id.: 214), du moins dans un premier temps, en attendant les compromis

nécessaires. "Quand on se trouve en présence de collectivités à conception pharaonique, il faut agir d'abord avec eux conformément à cette conception qui est la
leur" (id.: 215), mais continuer ainsi, c'est s'exclure de la civilisation de la liberté et de la fraternité qui sont des forces à la longue plus puissantes que la force
matérielle et brutale. Par elles seules peuvent s'amorcer la "conversion", le
"retournement" de ceux qui ne connaissent que la "série pharaonique".

Pour Van Gennep, le choix est clair. "Les Grands Principes représentent non pas
seulement des mots, mais pour tous les hommes sans exception, quelque chose de
réel et de tangible: la possibilité relative pour chacun de vivre sa vie intégrale-
ment (...)" (id.: 217). Il n'est pas sûr que les pages de Van Gennep, en dépit de
quelque grandiloquence, aient perdu toute pertinence aujourd'hui.

Ainsi, chez notre auteur, une vie en marge de la carrière universitaire, le refus du
principe autoritaire et l'inspiration rousseauiste sont intimément liés.

Neuchâtel, mars et octobre 1995   Pierre Centlivres

BIbliographie

Centlivres, Pierre et Philippe Vaucher
1994   "Les tribulations d'un ethnographe en Suisse.
          Arnold Van Gennep à Neuchâtel (1912-1915)".
          Grandhiva (Paris) 15: 89-101.

Fabre, Daniel
1991   "Le Manuel de Folklore Français d'Arnold Van Gennep".
          in: Pierre Nora (sous la dir.): Les lieux de mémoire.
          III: Les France. 2: Traditions.
          Paris, Gallimard: 641-675.

Lévy Zumalt, R.
1988   The enigma of Arnold Van Gennep (1873-1957): master of
          french folklore and hermit of Bourg-la-Reine.
          Helsinki, Academia Scientiarum Fennica.

Van Gennep, Arnold
1914   En Algérie.
          Paris, Mercure de France.

1915   Le Génie de l'organisation. La formule française et anglaise
          opposée à la formule allemande.
          Paris, Payot.

1922   Traité comparatif des nationalités: tome premier,
          les éléments extérieurs de la nationalité.
          Paris, Payot.

"Anarchy Brown"

Dans une discipline académique, il est toujours difficile d'imaginer «les Autorités» comme des révolutionnaires sociaux ou même comme des réformistes. Il est vrai que beaucoup de nos prédécesseurs peuvent être assimilés à l'anthropologie coloniale. Mais la plupart d'entre eux n'étaient liés à aucun projet réactionnaire significatif et il en fut ainsi pour cette période et pour celle qui suivirent. Ce n'était pourtant pas le cas de Radcliffe-Brown qui fut influencé par un important courant révolutionnaire du dix-neuvième siècle, comme aux premier temps de la discipline.

Alfred Reginald Radcliffe-Brown était né à Birmingham le 17 janvier 1881 dans une modeste base militaire. Son père était mort quand il était jeune, laissant sa mère élever péniblement ses trois enfants. Il poursuivit sa scolarité dans diverses écoles secondaires pour finalement décrocher un diplôme de Sciences Morales (philosophie et psychologie) au Trinity Collège de Cambridge. Ses lectures de psychologie l'influencèrent ainsi que W.H.R. Rivers, psychologue-anthropologue qui avait participé à l'expédition de Haddon en 1898 aux Torres Straits (Australie). Il était très attiré par l'anthropologie. Radcliffe-Brown, ou Brown comme on le désigne à cette époque (il n'a pris le nom de sa mère, choix profond, qu'en 1926) fut le premier étudiant en anthropologie de Rivers. Promis à un grand avenir scolaire, il obtint des fonds pour aller faire son terrain dans l'île Andaman dans le Golfe de Bengale (1906-1908), revenant ensuite à Cambridge rédiger ses recherches. Il fut récompensé par une bourse à Trinity.

Durant ces années, il était connu sous le surnom d'*Anarchy Brown* car il se défi-
nissait lui-même comme anarchiste et disciple de Kropotkine. Peut-être qu'il ren-
contra cet auteur durant les cours de philosophie, peut être parce que les travaux
des anarchistes et socialistes qui étaient à la mode au tournant du siècle, étaient
attrayants pour quelqu'un qui était parti de condition modeste et qui avait réussi.
Le prince Peter Alexeivich Kropotkine (1842-1921) était un géographe russe,
écrivain et révolutionnaire qui comme son père avait reçu une éducation privilégiée, axée sur la lecture des Encyclopédistes et des historiens français. En Russie,
durant les années 1857-1861, il fut influencé par la littérature libérale. Mais
durant ses obligations militaires, il rejoignit un régiment cosaque et il partit en
Extrême-Orient explorer la Mandchourie. En 1867, il revint à Saint-Petersbourg
et entra à l'Université, décidé à répandre le savoir parmi les masses. Il rejoignit le
parti révolutionnaire et milita. En 1872, il partit pour la Suisse et devint membre
de l'Association Internationale des Travailleurs à Genève mais les principes de
leur socialisme ne lui parurent pas suffisamment avancés. Aussi étudia-t-il le programme le plus violent, celui de l'Association jurassique, et devint anarchiste. A
son retour en Russie, il prit une part active à la propagande nihiliste. En 1874, il
était arrêté et emprisonné mais s'échappait deux années plus tard en Angleterre.
En 1877, il était à Paris à l'appel du mouvement socialiste; en Suisse, il édita la
revue révolutionnaire *Le Révolté*, et publia plusieurs pamphlets. Après l'assassi-
nat du Tzar Alexandre II en 1881, les activités des révolutionnaires exilés devinrent strictement surveillées et il fut expulsé de Suisse, allant en premier lieu à
Londres, puis en France où il fut arrêté, jugé et condamné à cinq ans d'emprison-
nement comme dirigeant de l'IWA au nom d'une loi spéciale votée après la
Commune en 1871. Comme une agitation pour sa défense montait à la Chambre,
il fut relâché et retourna à Londres. Etant donnée son intense activité, sa profonde influence sur la vie intellectuelle en Europe Occidentale n'était pas surprenan-
te. Son oeuvre la plus connue est probablement *L'entraide, un facteur d'évolution*
(1902) mais aussi *Mémoires d'un révolutionnaire* (1900). *L'entraide* défendait un
point de vue anti-darwinien contre les approches individualistes de la société. Au
lieu de la survie du plus fort, il insistait sur la coopération mais dans une perspective libertaire. Il était aussi contre le marxisme comme la plupart des anarchistes. Après la Révolution de 1917, il retourna en Russie et fut bien reçu. Mais
sa version du "communisme anarchiste" était entièrement différente de l'Etat centralisé des Bolcheviks. Il salua l'évènement par ces mots: *Ceci enterre la
Révolution.*

Que signifie l'anarchisme à cette époque? Son but n'était pas le chaos, comme
nous l'assure souvent le discours commun (bien que ces significations puissent
avoir existé), mais la vie dans une société "sans gouvernement", l'harmonie étant
obtenue non par la soumission à la loi ou l'obéissance à quelque autorité, mais par
le libre accord entre les divers groupes. Les anarchistes étaient des socialistes qui
rejetaient "l'Etat socialiste" tout comme l'individualisme capitaliste, considérant

l'Etat comme le soutient des monopoles et source du capitalisme. Rejetant à la fois l'Etat et le système centralisé parlementaire, ils optaient pour la décentralisation et pour "un réseau interne, composé d'une infinité de groupes et de fédérations de toute taille et degrés, local, régional, national et international - temporaires ou plus ou moins permanent - pour tous les desseins possibles - production, consommation, et échanges, communication" etc.

Les anarchistes prenaient pour modèle diverses sortes d'institutions anciennes telle que le clan, la communauté villageoise, la corporation, la cité libre médiévale ... au moyen desquelles "les masses résistaient à l'empiétement du conquérant et de la recherche du pouvoir minoritaire". En effet, de telles notions d'opposition et de résistance à l'Etat étaient presque une alternative nécessaire au pouvoir centralisé, et précédemment, de telles pensées avaient pris forme dans les écrits "philosophique", dans les travaux d'Aristipe (fl. c 430 BCE), un autre sur le fondateur de l'école cyrenaïque, dans le fragments de Zénon (342-c367 BCE), fondateur de la philosophie stoïcienne, et dans diverses sectes chrétiennes primitives, en Arménie, parmi les premiers hussites et nnabaptistes, aussi bien que parmi les Encyclopédistes français (que Kropotkine a étudié comme nous l'avons vu) et parmi quelques participants à la Révolution Française qui insistaient sur le rôle des communes plutôt que sur le centre, préféré par les Jacobins.

A l'aube du dix-neuvième siècle, William Goldwin dans *Enquiry concerning Political Justice* (1793) traitait systématiquement de l'anarchisme en Angleterre en plaidant pour l'abolition de l'Etat et de ses tribunaux au profit des petites communautés d'où serait exclue la propriété privée. Marie Mary Woolstonecraft, auteur de *Vindification of the Right of the Right of Women* (1791), père de Mary Shelley, auteur de Frankenstein (1818) elle-même, femme du poète, Percy Byshe Shelley,Godwin (1756-1836), avait été formé comme pasteur presbytérien mais était devenu un "parfait incroyant" en 1787 et avait été profondément influencé par la Révolution Française. Cependant, il n'était pas le premier a user du mot « anarchisme » lui même utilisé pour la première fois en 1840 par le socialiste français Proudhon (1809-1865) pour définir le non gouvernement de l'état de la société, quoique le terme avait été utilisé précédemment dans des sens différents. En fait, Proudhon lui-même décrivait sa propre variété de cette idéologie mutualiste.

Des idées analogues furent développées aux USA mais la principale avancée dans le développement de l'anarchisme fut la création de l'*Association Internationale des Travailleurs* en 1864 qui réunit à Londres quelques français mutualistes et quelques anglais disciples de Robert Owen (1771-1858), qui avaient créés des communautés utopiques en Angleterre, à New Harmony (USA) et en Irlande. Leur but était d'entreprendre la lutte économique directe contre le capitalisme sans passer par travers de l'agitation parlementaire qui avait perdu de sa crédibilité avec l'échec de l'insurrection des travailleurs parisiens en 1848. Avec la chute de la Commune en 1871, l'association fut bannie de France mais continuait elle-même ailleurs, complètement indépendante du socialisme marxiste.

L'anarchisme était particulièrement lié aux intellectuels russes en raison de l'oppression politique qu'ils subissaient et par leur identification à la condition des paysans. La répression entraîna un grand exil vers l'Europe occidentale, particulièrement à Paris et Londres où ils ont rencontré les dirigeants et penseurs révolutionnaires et collaboré avec eux. Parmi ces exilés les deux plus importants furent Bakounine et Herzen. M.A. Bakounine (1814-1876) était, avec Proudhon, le fondateur du mouvement anarchiste au XIXème siècle en Europe. Il démissionna de l'artillerie russe et au cours de sa formation ultérieure il alla à Berlin, il fréquenta les jeunes hégéliens. En 1842, il publia son premier credo révolutionnaire qui contenait l'aphorisme: "*La passion pour la destruction est aussi une passion créatrice*". Il s'installa à Paris et se réunit avec des socialistes français et allemands tels Proudhon, Herzen et Marx. De même, il s'engagea dans l'activité révolutionnaire directe à Dresde en 1849, ce qui lui valut la prison. Quand il fut libéré, il voyagea à Londres où il rencontre Herzen puis il se disputa avec lui. Il déménagea en Italie, puis à Genève, où il se joignit à la Première Internationale dont il fut exclu par Marx en 1872. La rupture divisa l'ensemble du mouvement révolutionnaire au travers de l'Europe. Bakounine dénonçait le contrôle politique et la soumission à l'autorité (faisant une exception inconsciente sur son propre rôle dans le mouvement) et prend comme modèle révolutionnaire, le paysan russe.

A.I. Herzen (1812-1870) était également un des *exilés romantiques* comme les avait appelés E.H.Carr, le fils illégitime d'un noble qui reçut une large éducation et s'était associé avec les Décembristes dans leur combat pour la liberté en Russie. Ceci eut pour conséquence une vie d'exil virtuel pendant huit ans et son rattachement aux hégéliens de gauche; il rejoignit le camp des "Occidentalisants" en Russie. Mais il romput avec eux pour embrasser les doctrines anarchistes de Proudhon. Quand il hérita de son père, il alla à Paris mais en partie à cause des événements de 1848, il perdit confiance dans le socialisme occidental et retourna concentrer ses efforts sur la Russie. En 1852, il déménagea en Angleterre, lança à Londres, la *Free Russian Press* et bien d'autres entreprises éditoriales. Avec l'avènement d'Alexandre II et l'octroi de la liberté aux serfs, il prit une position plus réformiste mais perd son influence à essayer de relier les deux positions. Plus tard, il commença à écrire ses mémoires, publiant son remarquable *My Past and Thoughts* (1861-67) et autres écrits.

Qu'apprend Radcliffe-Brown de Kropotkine et du reste de cette tradition? Il est souvent influencé par l'autorité de la loi (il écrit l'article sur le droit primitif dans l'*Encyclopaedia of the Social Sciences*, 1933) et des sanctions (en quoi il était influencé par Fauconnet et les durkheimiens (également dans l'ESS, 1933). Mais dans son approche des Etats comme systèmes politiques et légaux, l'Etat jouait seulement un rôle marginal. En réalité, son insistance était la même que celle de Durkheim (autre socialiste) dans la *Division du travail* où le principal apport avait été d'examiner comment le peuple était capable de vivre et d'ordonner sa vie en société sans avoir d'Etat. A la fin, il s'intéressait lui même à l'ensemble des sanctions sociales bien au delà des frontières des "tribunaux, des codes et des policiers" selon l'expresssion de Malinowski. Pour Radcliffe-Brown, c'était le maintient de l'ordre qui retenait son attention. Sa plus longue période d'enquête s'était déroulée parmi les groupes sans Etat, dans l'île Andaman dans le golfe de Bengale et chez les aborigènes d'Australie. Il s'attachait à montrer la diversité des sanctions, positive dans la forme de la querelle, vengeance et attaque verbale et négative dans la forme du retrait de la réciprocité, évitement, etc... par quoi ces sociétés se gouvernent elles-mêmes. D'où son intérêt pour le lignage à deux têtes, le large groupe de parenté qui applique les sanctions à l'intérieur et se met en guerre (ou en conflit) contre l'extérieur ce qui était spécialement important dans les sociétés qui n'ont pas de centre régulateur. Ces sociétés étaient, comme la locution le dit, acéphales, sans tête, sans souverain (et pour certains, segmentaire, en empruntant un concept issu de Durkheim).

Il est vrai que dans le texte sur le droit primitif, Radcliffe-Brown se limite lui même à "l'organisation des sanctions légales", contre Malinowski qui utilise le terme pour le champ intégral des sanctions sociales. Néanmoins, comme Durkheim, il choisit une vision très sociale du droit. Parlant des délits publics (par différence avec les privés), il les vit comme menant à "*l'organisation de procédures de régulation par toute la communauté ou par les représentations des l'autorités sociales*". Le plus important était la réaction commune davantage que l'ordre autoritaire. Cette procédure de sanction pénale peut être considérée comme "*une réaction de la communauté fermée contre l'action de l'un de ses membres qui enfreint quelque solide et précis sentiment moral et cela entraîne une condition d'euphorie sociale*". Dans tout cela, ce qui frappe, c'est qu'il évoque peu les "sanctions répressives" surtout celles imposées à un groupe par un autre. Selon lui le plus élémentaire développement du droit était «*comme étroitement lié à la magie et la religion*». Tel est l'accent qu'il place sur le droit ashanti, même si cet Etat imposait le "règne du droit" sur d'autres communautés déterminé, en partie au moins, par les résultats de la conquête militaire. Les conceptions de la justice d'Austin avaient de loin affecté sa vision communautaire de l'exercice des sanctions pénales même dans les "sociétés primitives".

Bien que son approche s'accorde avec les idées de Kropotkine, elle provient surtout de Durkheim. Dans la *Division du travail*, le grand sociologue français prend comme orientation polémique le traitement par Herbert Spencer du "problème de l'ordre" dans la société et il attaque ce qu'il perçoit comme la réduction utilitaire du problème centré sur le développement du contrat (comme dans les travaux d'histoire du droit d' Henry Maine). Il était surtout intéressé par les relations entre l'individu et le groupe social. Dans les sociétés "non différenciées", cette relation était mécanique dans la mesure où les composants de chacun de ses segments (il se référait à la société segmentaire kabyle d'Algérie) réagissaient de manières similaires et appliquaient une loi répressive sous l'égide de la conscience collective. Les sociétés "différenciées", argumente-t-il, ne dépendaient pas uniquement du développement de relations contractuelles comme le laissait entendre Spencer et les théoriciens du laisser-faire mais elles dépendaient de sanctions organiques, chaque sous-groupe faisant partie d'un tout plus ou moins intégré sur la base de la division du travail. Ceci fournissait les éléments non contractuels du contrat qui étaient nécessaires pour que le système fonctionne. Pour cette raison, Radcliffe-Brown était critique envers l'ordre social individualiste postulé par les utilitaristes.

En contestant l'utilitarisme, Durkheim pris la position que Talcott Parsons appelera "la sociologie positiviste" . Il devait modifier cette position plus tard à la vue des contraintes sociales perçues comme "*un système de sanctions lié aux règles sociales*", insistant sur l'action de l'homme dans le monde social. La première source de la contrainte réside dans l'autorité morale d'un système de règles normatives qui constituait sa notion du social (opposé à l'individuel) et reposait en dernier ressort sur des valeurs communes. Les contraintes ne sont pas simplement des sanctions issues de l'extérieur mais comportent l'adhésion volontaire à la règle comme devoir. Le social est intériorisé au même titre qu'un présent extérieur à la personne. L'homme a une attitude de respect envers la règle qui participe aux attitudes vis à vis du sacré et ces règles sont intégrées à d'autres dans des orientations de valeurs communes. Le débat sur les sanctions et les contraintes de Radcliffe-Brown est moins subtil mais plus clair que celui de Durkheim. Ils ont en commun, dans le contexte actuel, de se concentrer tous deux sur la contrainte de type non autoritaire.

Comme nous avons vu, ces deux auteurs dirigeaient plus particulièrement leur attention de façon théorique sur le "segmentaire" plutôt que sur les société à Etat, sur les tribus plutôt que sur ce que Hobbes avait appelé le Leviathan. Cela était accentué dans la problématique d'Evans-Pritchard avec son étude des Nuer (1940) qui employait les notions durkheimienne de solidarité, de densité morale, de segmentation (au travers d'une démarche plus complexe que celle de Durkheim, dans la mesure où il voyait les segments non seulement similaires mais opposés et coopérant dans leurs intérêts, dépendant de l'ordre de segmentation). Sa focalisation était exprimé surtout dans la notion d'"'ordre anarchique", ordre existant en l'absence de figures d'autorités institutionnalisées, une notion que Kropotkine aurait approuvé. Comme Radcliffe-Brown, Evans-Pritrchard était souvent anarchiste dans son attitude face à l'autorité, quoique celle-ci résultait davantage d'options politiques d'extrême droite que de l'extrême gauche. Mais au centre de ses intérêts, Radcliffe-Brown insista avec Fortes, sur la segmentarité, sur les sociétés acéphales, comme on peut le voir dans *African Political Systems* (1940) aussi bien que dans son travail sur les Nuer initialement inspiré de Maine mais rattaché plus tard à Durkheim. Théoriquement, ce livre privilégiait les territoires plutôt que les Etats centralisés dans l'analyse desquels les anthropologues avaient fait peu de progrès. En ce qui concerne les systèmes politiques, la plupart de leur énergie théorique a été consacrée, au travers de l'arrangement de sociétés sans état, aux systèmes où échecs et équilibres étaient plus manifestes que l'autorité elle même, du moins l'autorité de type centralisée. L'orientation de ces énergies était donc plutôt marquée par "l'ordre anarchiste".

Il paraîtra quelque peu étrange de penser à Radcliffe-Brown comme à un anarchiste, comme une figure de l'anti-autoritarisme car il représente pour beaucoup l'archétype ancêtre de l'anthropologie sociale britannique moderne. Par conséquent, il devient automatiquement "une autorité". Mais alors, nous, les disciples qui sommes venus plus tard, serions-nous les révolutionnaires réels, les figures anti-autoritaires réelles rompant avec le passé et établissant une nouvelle tradition qui n'est pas encore dominante ?

Si une telle attitude se comprend du point de vue du cycle de développement propre à tout domaine d'étude (du moins en sciences sociales), en prenant un peu de recul ("objectivité"), la distance entraîne quelques modifications. En terme d'approche, Radcliffe-Brown exprimait une rupture radicale avec le passé quoique il établissait sa propre ligne d'ancêtres à côté de la généalogie anthropologique habituelle (se réclamant de Montesquieu, Maine, Vinogradoff, etc.) et il fit allégeance à la sociologie de Durkheim d'une manière radicale avec des résultats spectaculaires qui s'accentuèrent chez ses disciples, spécialement chez Evans-Protchard et Fortes.

Mais si en ce sens, son travail était révolutionnaire, il n'était pas à première vue anti-autoritaire. Il était très intéressé par les sanctions sociales (suivant Fauconnet et autres), par le droit, plus généralement par le contrôle social et il regardait vers les institutions sociales dans la perspective structuro-fonctionnaliste. Quoi qu'il en soit, bien qu'il demeurait totalement indifférent à la tradition marxiste, il était influencé par une tendance des autres socialistes issue de la pensée anarchiste, sur des sujets par exemple comme la «justice distributive» ou bien sur son traitement de l'organisation sociale en générale.

Les anthropologues sociaux ont souvent questionné les affaires courantes de l'Etat dans leur propre société suggérant ainsi des éléments pour une alternative, ajoutant à cela, un intérêt pour la réforme sociale et pour le renversement des autorités existantes. A Bordeaux, il y avait Emile Durkheim et son neveu, Marcel Mauss, fondateur de l'ethnographie universitaire en France. Durkheim était socialiste autant que sociologue, un militant lors de l'affaire Dreyfus. Plus tard, il y eut une pseudo-tradition marxiste dans l'anthropologie française aussi bien qu'une pseudo-opposition à la guerre du Vietnam chez une partie des collègues américains. Parmi mes collègues en Angleterre, descendants de Radcliffe-Brown (et Malinowski), Evans-Pritchard était souvent contre l'autorité mais selon une position issue du droit catholique. D'autres penchaient davantage à gauche. On pense souvent que ceux qui travaillaient sous le régime colonial étaient eux-mêmes des colonialistes. Pas du tout. Ils étaient souvent en désaccord avec les autorités. Meyer Fortes, le grand ami d'Evans-Pritchard connut de grandes difficultés pour entrer en Côte-d'Or (qui devint plus tard le Ghana), parce qu'il était «rouge» et juif. Ceux de la *London School of Economic* étaient particulièrement suspects. D'autres, comme l'exilé allemand, Kirchof, n'ont jamais pu faire leur terrain dans les colonies anglaises. Un autre de ces collaborateurs, Max Gluckman, était exclut non seulement de son propre pays, l'Afrique du Sud mais aussi des USA et de la Nouvelle-Guinée. Parmi ces premiers anthropologues, certains furent représentatifs des colonisés qui étaient certainement contre le système et dont certains se distinguèrent plus tard en contribuant à l'indépendance de leur pays : Jomo Kenyatta (auteur d'un livre sur les Kikuyu) au Kenya, et au Ghana Kwame Nkrumah, un élève de Daryll Forde et Kofi Busia, un disciple de Meyer Fortes et auteur d'un ouvrage sur les Azandés. Comme beaucoup d'autres anthropologues, ceux-ci s'intéressaient à ces «peuples sans histoire» qui étaient toujours en conflits avec les autorités coloniales. Ils étaient quelques peu anti-autoritaristes, voir anarchistes, et cela ne constitue pas, au bout du compte une mauvaise voie à suivre.

Jack Goody

Références

Avrich, P. 1967, *The Russian Anarchists*, Princeton.
Carr, E.H. 1933, *The Romantics Exiles*, London.
Durkheim, E. 1964, *The Division of Labour in Society*, London.
Evans-Pritchard, E.E. 1940, *The Nuer*, Oxford.
Fortes M. et Evans- Prichard, E.E. *African Political Systems*, London.
Goody, J.R.1996, *The Expensive Moment*, Cambridge.
Kropotkine, P. 1902, *Mutual Aid*, London.
Parson, T. 1937, *The Structure of Social Action*, New-York.
Radcliffe-Brown, A.R. 1952, *Structure and Function in Primitive Society*, London.
Woodcock, G. et Avakumovic, I. 1950, *The Anarchist Prince*, London.

Aujourd'hui

Michel Foucault et l'ethnologie

D'autres l'ont déjà dit, avant moi. Il n'est pas facile de parler de Michel Foucault si on ne veut pas l'enfermer dans ces catégories disciplinaires qu'il a plus que quiconque, contribué à faire éclater. Mon intervention ne sera donc rien de plus qu'un témoignage sur quelques uns des usages possibles de son oeuvre et, comme tout témoignage, elle commencera par un souvenir personnel.

1- Un étrange professeur

"Au fond tu es un anarchiste de droite, et moi un anarchiste de gauche" : telle est l'invariable conclusion qu'au début des années 60, Michel Foucault tirait de ses longues conversations avec Jules Vuillemin lorsqu'ils enseignaient, tous deux, la philosophie à la faculté de Clermond-Ferrand (1). La déclaration peut surprendre car on a l'habitude de dater l'engagement politique du philosophe de son activité aux côtés des groupes maoïstes à partir des années 69-70, où il dirigea le département de Vincennes. Et son biographe, Didier Eribon, rappelle, à juste titre, qu'à son arrivée à Vincennes, ignorante de l'aide trés concréte apportée aux étudiants tunisiens, la rumeur fait de Michel Foucault un "gaulliste" : n'a-t-il pas participé, en 1965, à l'élaboration de la fameuse réforme "Fouchet", sous le gouvernement Pompidou, en laquelle on a vu un des détonateurs de mai 68 ? Pourtant, bien avant que les étudiants ne remettent en cause l'enseignement universitaire et ses procédures d'examens, à Clermont-Ferrand - petite faculté de province choisie comme laboratoire expérimental pour repenser l'organisations des études de philosophie - les cours de Michel Foucault se distinguent par la liberté qu'il prend

avec le découpage des matières et des programmes, par son goût de la provoca-
tion qui prend pour cible aussi bien les étudiants que certains de ses collègues,
mais surtout par l'intense plaisir qu'il manifeste à exposer l'état de ses recherches
du moment.

C'est ainsi qu'en 1966, il nous donnait la primeur de quelques unes des plus belles
analyses des *Mots et les choses*, encore sous presse. Faire d'un tableau ou d'obscurs traités de magie du XVIe siècle la matière d'une méditation sur une forme de
savoir et de pensée historiquement datée nous paraissait, alors joyeusement ico-
noclaste. Et le carcatère exotique de cet enseignement qui accordait autant d'attention aux encyclopédistes de la Renaissance qu'aux grands Auteurs des manuels
de philosophie était encore accentué par les relations qui, à notre insu sans doute,
pouvaient s'établir entre les univers conceptuels que Michel Foucault faisait surgir devant nous et les logiques rigoureuses de la pensée sauvage que nous décou-
vrions dans le même temps, à la lecture de Lévi-Strauss.

Un enseignement particulier, donc, qui liait étroitement la subversion des formes
habituelles d'imposition de l'"autorité" professorale à l'exercice d'un regard
"anthropologique" sur notre propre culture, pour désacraliser les idendités disciplinaires et les hiérarchies dominantes. Mais l'altérité demeurait alors le privilège
d'univers éloignés dans l'espace ou dans le temps, avec lesquels la modernité -,
semble-t-il, avait définitivement rompu.

Transportons-nous dix ans plus tard, au lendemain de la parution de *Surveiller et
punir*, et écoutons le compte-rendu repris, en 1980 dans le volume coordonné par
Michèle Perrot sur l'impossible prison, et suivi d'une réponse cinglante du philosophe. " *L'auteur de* Surveiller et punir *s'incrit dans la lignée des penseurs politiques individualistes qui critiquent fermement cette notion (le pouvoir). Il ne
serait pas difficile de lui trouver des précurseurs chez les anarchistes du XIXe
siècle qui se livrent à la dénonciation intransigeante de presque tous les pouvoirs
: étatique, militaire, policier, judiciaire, clérical, médical, magistral, patronal,
paternel, colonial...*" (2) et de renvoyer aux textes de Paul Robin, d'Albert
Thierry, de Sébastien Faure dans *Le Libertaire*, de Jean Grave dans *Les Temps
nouveaux*, ou encore à *L'Assiette au beurre*.

La qualification ou plutôt l'accusation d'anarchiste vint, cette fois de ces historiens qui perçoivent l'oeuvre de Michel Foucault comme un cadeau empoisonné,
un cadeau "trop vert" dira Paul Veyne dans un éloge fracassant mais fort lucide
(3). De fait en France, contrairement à ce qui s'est produit par exemple au Etats-
Unis ce ne sont pas en majorité les ethnologues mais les historiens qui ont ouvert
un débat avec Michel Foucault, alors même que le philosophe a donné à l'ensemble des sciences sociales de nouvelles conceptualisations, de nouveaux
objets, de nouvelles procédures d'analyse. Bien avant la parution de *Surveiller et*

punir, des historiens comme Claude Quetel n'ont pas manqué d'intenter de faux procès à l'auteur de l'*Histoire de la folie*, lui reprochant, par exemple d'avoir méconnu l'ensemble des cures médicales et empiriques pratiquées du XVIe au XVIIIe siècles alors que l'ouvrage leur consacre pas moins de 250 pages. Les critiques que Jacques Léonard adresse de manière indirecte, à travers les objections des "gens de métier",témoignent d'une même incompréhension : confondre l'analyse d'un changement social et culturel avec l'étude d'une période historique, assimiler à un pamphlet idéologique l'analyse minutieuse des systèmes de pratiques et la construction de leur rationalité interne. Mais cette "irritation" produite par l'oeuvre de Foucault ne tient-elle pas, tout d'abord, a ce que, justement, elle met à mal l'autorité disciplinaire, c'est-à dire la fonction d'identité assignée aux protocoles méthodologiques et aux modèles explicatifs valorisés par chaque discipline, en l'occurence par l'histoire ? C'est bien ce que suggère Paul Veyne lorsque, pour montrer comment Foucault, justement, "révolutionne l'histoire", il décrit la posture spécifique du philosophe en des termes qui pourraient aussi bien s'appliquer à l'ethnologue du domaine européen : tout d'abord rendre perceptibles l'étrangeté et l'arbitraire de pratiques sociales qui nous sont familières parcequ'elles s'imposent à nous avec l'évidence de la nécessité; montrer ensuite, la cohérence interne de ces manières de faire et de penser, à partir de la mise en relation d'usages et de discours habituellement disjoints, qu'il s'agit de décrire minutieusement pour en restituer "la grammaire" et non pour les évaluer au nom d'une supposée idéologie sous-jacente.

2- le parti-pris anthropologique

On le sait, ce parti-pris anthropologique qui de livre en livre, a produit ses propres outils conceptuels s'est nourri d'une réflexion continue sur la spécificité de l'ethnologie dans le champ des sciences sociales et sur la fréquentation de quelques oeuvres majeures.

Il y a, tout d'abord, le célèbre dernier chapitre des *Mots et les choses* qui, interrogeant la constitution, au XIX e siècle, des sciences humaines, reconnait à l'ethnologie, conjointement à la psychanalyse, une place singulière, privilégiée. Fonctionnant comme une "contre science" à l'égard des autres disciplines, comme un " principe d'inquiétude, de contestation" à l'égard de ce qu'elles tiennent pour acquis, l'ethnologie fournit au chercheur un trésor inépuisable d'expériences et de concepts. Elle nous oblige de plus, à abandonner le principal modèle explicatif qui a justement, présidé à la constitution des sciences humaines puisque, si elle se place dans la dimension de l'historicité, c'est pour suspendre le "long discours chronologique" qui a servi à penser notre culture, pour sortir des jeux circulaires de l'historicisme afin de déterminer " de quelle sorte de devenir historique chaque culture est susceptible" (4). Cette proposition est bien sûr imprégnée de la lecture de Lévi-Strauss et s'inscrit dans le débat qui oppose, alors structuralisme et histoire. Mais elle ne s'y limite pas et l'on peut dire que se trouve là en germe l'orientation de bon nombre de recherches futures, par exemple celles de Marshall Sahlins sur les régimes d'historicité propres à chaque culture. D'autre part, alors même qu'il ignore, semble-t-il, les entreprises de refondation d'une ethnologie de la France, le philosophe appelle à dépasser le grand partage entre sociétés simples et sociétés complexes, sans cesse réactivé dans notre discipline : les cultures occidentales, comme tout autre culture, sont susceptibles d'une analyse anthropologique, dans la mesure où celle-ci se donne pour objet les normes, les règles et les systèmes symboliques qui rendent le monde signifiant.

Au fil des entretiens, des conférences, des articles qui ont accompagné son oeuvre et qui sont désormais rassemblés dans les quatre volumes de *Dits et écrits*, Michel Foucault a précisé l'usage que lui-même a fait de ce qu'il considère comme des méthodes et des principes propres à l'anthropologie.

Je retiendrai, surtout les propositions formulées dans les années 1970-1975, au moment de l'élaboration de *Surveiller et punir*, et de ses recherches sur les rapports entre formes de production du savoir et formes juridiques. Dans une conférence donnée, le 29 septembre 1970, à l'Institut Franco-japonais de Kyoto, Michel Foucault présente son parti-pris d'interroger la cohérence interne d'un système de pensée, à partir des pratiques de rejet et d'exclusion à l'oeuvre dans une société, comme la transposition du principe mis en oeuvre par Lévi-Strauss, lorsqu'il fait de l'interdit , de l'inceste et des prohibitions de mariage le révélateur des systèmes de parenté (5).

Mais dans le même temps, d'autres références témoignent d'une distance critique à l'égard de Lévi-Strauss, notamment celles de Georges Dumézil dont on connaît la longue amitié intellectuelle qui les a unis, mais aussi de Louis Gernet et de Jean-Pierre Vernant, c'est à dire d'une anthropologie qui articule analyse sémantique ou structurale et analyse historique. " Revenir à l'histoire", tel est le titre de la seconde conférence, faite le 9 octobre de la même année, à l'Université de Keio où Michel Foucault fait justice des critiques adressées aux analyses structuralistes de négliger la dimension historique des faits sociaux, pour montrer comment elles seules autorisent une analyse rigoureuse des transformations qui peuvent affecter les sociétés. La démonstration s'appuie Sur l'analyse, proposée en 1942 par Dumézil, du récit des Horaces et des Curiaces où l'on doit voir, non la transposition d'un événement réel aux origines de l'histoire romaine, mais la transformation d'une légende irlandaise, qui s'articule à une transformation historique de l'ancienn société romaine en une société étatique. De cette lecture, le philosophe dégage les partis-pris de méthode : analyser des jeux de différences qu'il s'agit d'ordonner en un système hiérarchisé, mettre en évidence les conditions sociales et historiques dans lesquelles s'effectuent les transformations d'un système de représentations (6). Michel Foucault reviendra à plusieurs reprises, sur l'importance de l'oeuvre de Dumézil. Par exemple, autour de la table ronde qui suivit une autre série de conférences, données en mai 1973, à l'Université pontificale de Rio de Janeiro: " La vérité et les formes juridiques".

 On a l'habitude, explique t-il, de considérer Dumézil comme un ancêtre du structuralisme ayant produit une sorte d'ébauche empirique, encore trop "historique" de ce que Lévi-Strauss fera plus tard. Or, il s'agit bien d'une analyse structurale à part entière, puisqu'elle met en évidence des systèmes transformables et les conditions dans lesquelles adviennent ces transformations. Mais, il n'y a pas lieu de privilégier la matière mythique, réduite à des ensembles d'énoncés. Les discours sont des pratiques qu'il faut restituer dans un ensemble de pratiques hétérogènes : rites, coutumes religieuses, judiciaires, etc...(7). La référence à Dumézil se nourrit ainsi d'une critique qui anticipe celle que Clastres formulera, à son tour en reprochant à l'analyse structurale d'être une " sociologie sans société". De fait, qu'il s'agisse des sciences humaines, de la médecine clinique, de l'asile ou de la prison, Michel Foucault reprend les termes mêmes dans lesquels Georges Dumézil a caractérisé sa méthode comparative, dès 1949, dans le premier chapitre de l'héritage indo-européen à Rome : comparatisme génétique par opposition à un comparatisme purement typologique et à la page suivante: "*il s'agit de mettre au point une archéologie des représentations et des comportements*" (8).

A côté de cette filiation revendiquée, Michel Foucault affirme constamment son souci de construire une véritable analyse marxiste, en rupture avec ce qu'il considère comme un rapport "religieux" aux textes de Marx. Là encore, il faut se référer aux entretiens rassemblés dans *Dits et écrits*. Pour la revue japonaise *Umi*, Michel Foucault explicite en 1972 ce qui sépare une "archéologie" du savoir à la manière des *Mots et les choses,* de ce qu'il appelle désormais une "dynastique" du savoir. La première s'en tenait à l'analyse des transformations de types de discours qui ont donné naissance aux "sciences humaines", la seconde introduit l'analyse des conditions historiques, économiques et politiques - c'est-à-dire des nouveaux rapports de pouvoir - auxquelles s'articulent ces nouvelles formes de savoir. Ce qui suppose que l'on abandonne la tradition académique de l'explication des textes de Marx, et que l'on récuse la pratique marxiste de l'histoire des sciences, laquelle oppose l'idéologie à la science comme l'erreur à la vérité, et se fonde sur une théorie encore kantienne du sujet comme origine de la connaissance (9). Contre le marxisme universitaire, il s'agit d'analyser très précisément les transformations des matrices d'intelligibilité propres à une culture, c'est-à-dire l'ensemble des règles qui, dans une période donnée, permettent tels types de connaissance et excluent hors du champ des savoirs légitimes d'autres usages et d'autres formes d'intelligibilité. Ce qui revient à faire du sujet de connaissance une production historique à part entière, qu'il faut analyser à partir des pratiques sociales qui déterminent les formes de subjectivité. Mais il s'agit aussi, et les deux préoccupations sont liées, de repenser l'analyse du pouvoir dans les sociétés à Etat, où l'on ne saurait le réduire à sa dimension centralisatrice. Le pouvoir n'est pas une substance détenue par quelques uns, il s'exerce, il est une modalité de relation qui s'établit aux niveaux les plus infimes du social, à travers des pratiques de savoir dont il s'agit de reconstruire les modèles de rationalité.

3- Réinventer les rapports de la théorie et de la pratique

Au terme de l'enquête conduite sur les formes du contrôle social qui se mettent en place au tournant du XIXe siècle, la désacralisation épistémologique des techniques de contrôle et de normalisation judiciaires, médicales, psychologiques les fait passer du statut de rationalités dominantes à celui de modèles culturels dominants, pour caractériser les sociétés à enfermement par opposition aux sociétés du bannissement, du rachat ou de la marque. Mais cette lecture anthropologique n'est pas restée un simple débat universitaire. Virtuellement porteuse, en elle-même, d'une dimension politique, elle a été le support, dans une conjoncture historique favorable, d'une réinvention des rapports entre théorie et pratique à laquelle, on le sait, le philosophe a donné le nom d'»intellectuel spécifique».

Reportons-nous là encore à cette période des années 1970-1975. Michel Foucault s'est, il est vrai, défendu, à plusieurs reprises, de tout rapport d'instrumentalisation entre le travail théorique sur les institutions pénales qu'il élabore dans son cours au Collège de France et ce qu'il appelle également son "travail" au sein du Groupe d'Information Prison. Aussi bien, peut-il faire remarquer, à juste titre, que son intereêt pour les formes de transgression de la loi, et de répression de l'illégalité, est ancien puisqu'il est déjà au coeur de l'*Histoire de la folie*. Mais ce n'est, certes pas, lui faire injure que de reconnaitre, en ce double souci, l'une des manières sans doute les plus exemplaires de faire en sorte que l'activité interprétative soit à la fois un acte d'imagination, d'analyse et d'engagement. Le Groupe Information Prison est fondé, le 8 février 1971, avec, entre autres, Gille Deleuze, Jean-Marie Domenach, Pierre-Vidal Naquet, après l'interruption de la grève de la faim des militants de la Gauche Prolétarienne, pour obtenir le statut de détenu politique, et pour dénoncer les conditions générales de détention dans les prisons françaises. L'idée initale de Daniel Defert, chargé de la préparation politique des procès, était de créer une commission d'enquête sur le modèle de celle ouverte sur la santé des mineurs, lors du tribunal populaire de Lens, présidé par Jean-Paul Sartre. Mais Michel Foucault infléchit le projet initial dans le sens d'une "enquête-intolérance", sur le modèle des enquêtes faites, au XIXe siècle, sur la condition ouvrière par les ouvriers eux-mêmes. Autrement dit, non pas enquête d'expert se réservant l'élaboration d'un savoir mais acte politique, où "les enquêteurs sont les enquêtés", pour faire communiquer à l'intérieur et à l'extérieur des prisons, des catégories d'individus habituellement séparées : les détenus, les familles, les magistrats, les médecins, les assistantes sociales. Et cette forme de lutte qui prend pour cible non pas tant le "refoulé", "l'inconscient" que le "secret" suppose, justement, une autre analyse des relations de pouvoir, et l'identification de tous les relais et de toutes les techniques à travers lesquels s'exercent les micro-pouvoirs. A travers une lecture attentive des publications du G.I.P., Michèle Perrot a essayé de montrer comment cette expérience avait pu infléchir le travail théorique du philosophe : elle souligne, par exemple, combien fut importante la découverte de la violence quotidienne dans les prisons, telle que les détenus la subissent et l'agissent, pour comprendre comment la prison "fabrique" les délinquants, l'importance des techniques corporelles et des constructions de l'espace, ou encore la violence des technologies les plus modernes et les plus rationnelles de surveillance (10). On pourrait ajouter, mais il faudrait poursuivre le travail esquissé par Michèle Perrot, qu'elle a tenu lieu de ce qui fait, pour l'ethnologue, la valeur irremplaçable de l'expérience de "terrain", c'est-à-dire ce temps plus ou moins long où le chercheur se laisse affecter par des manières de faire imprévisibles, un vécu et un savoir autres, qui font surgir les questions pertinentes à partir desquelles on peut interroger les multiples traces écrites qu'une société à écriture produit sur elle-même. Mais assimiler, comme le voulait Jacques Léonard, ce travail théorique à un pamphlet libertaire, c'était doublement se méprendre puisque, précisément, il s'est construit à distance des mots d'ordre anarchistes tels qu'ils furent, par exemple, repris par Serge Livrozet après la dissolution du G.I.P., pour montrer la continuité entre les lieux de punition et les lieux de la vie sociale réglée, ou encore pour montrer comment l'illégalisme est une production nécessaire au fonctionnement de cette même société disciplinaire.

4- Poursuivre en ethnologue...

Refuser le modèle d'un progrès continu du savoir et de l'organisation sociale, au profit de la mise en évidence de ruptures et d'événements ; chercher du côté des pouvoirs, politique, juridique, médical, religieux la raison de pratiques qui se cautionnent de la science ; montrer une même problématisation à l'oeuvre dans des domaines de la pratique que nous percevions comme disjoints et hétérogènes : Michel Foucault a imposé ces perspectives aux sciences sociales qui, depuis vingt ans, lui doivent bon nombre de leurs conceptualisations, de leurs objets, de leurs méthodes. Mais s'agissant de l'ethnologie européenne quels usages peut-elle faire de ce qui lui-même considérait, avec modestie, comme des "boites à outils" ?

Pour répondre à cette question, je prendrai le cas de quelques travaux conduits au Centre d'Anthropologie de Toulouse. Lorsqu'il est fondé en 1978, l'un des axes majeurs des recherches est centré sur une anthropologie des changements culturels dans les sociétés aquitaines et languedociennes depuis le début du 19e siècle, en rejetant les deux modèles d'analyse qui sont alors dominants : l'un qui oppose globalement l'archaïsme à la modernité ; l'autre, issu justement d'une simplification abusive des analyses de Michel Foucault, qui affirme les commencements absolus du contrôle social au XIXe siècle, par le moyen d'institutions nouvelles comme l'asile, la prison, le travail social, l'école, l'usine, surplombées par l'Etat. Il s'agissait au contraire d'être attentif aux situations conflictuelles très subtiles qui naissent de la mise en présence de modèles.

C'est dans ce cadre-là que je me suis, à mon tour, intéressée à la question de la folie. En faisant l'archéologie du savoir et de la pratique psychiatriques, Michel Foucault n'avait pas pour objectif une analyse anthropologique de la folie en domaine européen, mais une interrogation sur les rapports que les formes de savoir entretiennent avec les structures politiques et économiques de la société. Lui-même a ensuite récusé l'hypothèse d'une "folie vive" réprimée par la psychiatrie comme l'envers d'une formulation négative du pouvoir, limité à ses seules expressions répressives. Reprendre, en ethnologue, cette question a d'abord consisté à changer d'échelle d'analyse, pour explorer, sur un terrain limité, les pratiques d'internement dans le temps de transformation où le recours à l'asile se substitue aux formes coutumières de contrôle de la déviance sociale et psychique. Or, à partir d'une enquête dans des villages pyrénéens qui ont pratiqué très tard l'internement, on peut vérifier, en effet, que celui-ci n'est pas, d'abord, reçu comme une mesure de soin, mais bien comme une mesure d'exclusion. Celle-ci suppose une redéfinition de la violence sociale, laquelle nécessite le concours des différentes instances de pouvoir qui s'exercent dans et sur le village, qui ne partagent pas les mêmes normes culturelles et qui doivent, à chaque fois, faire valoir leur légitimité. Mais, paradoxalement, ces nouvelles formes de régulation sociale sont utilisées par les "maisons" pour préserver les anciennes pratiques inégalitaires de reproduction, en excluant à l'asile les déshérités qui ne veulent pas, ou ne peuvent pas, jouer la carte de l'émigration urbaine. De plus, elles s'inscrivent dans une crise des systèmes symboliques permettant de faire face à la maladie et au malheur, crise qui fait apparaître l'émergence d'une médecine mentale comme un mode de résolution des antagonismes entre modèles concurrents de définition des rapports entre nature et surnature (11).

Mais cette problématique du changement social et culturel ne suffit pas à rendre compte du foisonnant discours, toujours présent, sur ces "vies à l'envers" qui caractérisent ceux qui, "faisant exception à la règle", "s'effacent", dit-on, de la société. C'est en termes de ratés de la production sociale des âges, de l'identité sexuelle et de l'identité religieuse que l'on peut ordonner les différentes catégories de désordre qui affectent différemment les hommes et les femmes : désordre de la communication verbale, des relations entre les sexes, des relations entre les vivants et les morts, des relations entre les humains et les puissances surnaturelles. On retrouve alors les rituels de cure dont Michel Foucault avait pressenti la grande diversité et affirmé la nature symbolique de leur efficacité. Mais leur analyse ne relève pas de ce symbolisme général qu'il empruntait alors à Bachelard pour les interpréter, et surtout elle exige la mise en perspective de l'enquête au présent et du savoir ethnographique que, depuis le XVIème siècle, les sociétés européennes ont produit sur elles-mêmes. Pour interpréter, par exemple, la logique qui fait du pélerinage auprés d'un saint une cure de l'épilepsie, définie justement comme un "mal de saint", il faut montrer :

. 1°) que ce mal est assimilé à l'agression d'un mauvais mort qui fait passer la victime dans l'au-delà où elle perd une composante de la personne, définie en termes de poids et de taille, et dans laquelle on peut reconnaitre une représentation de l'âme ;

. 2°) que le pélerinage est lui-même un passage ritualisé dans l'au-delà où le pélerin, assimilé à un défunt, "fait" son âme en manipulant diverses figurations de cette composante de la personne, définie en termes de poids et de taille, figurations que les ethnographes ont abusivement qualifiées d'offrande votive.

Ainsi, comme le montre encore l'affaire Pierre Rivière, Michel Foucault a, d'une certaine façon, placé l'ethnologie européenne devant ses propres lacunes, il lui a ouvert des pans entiers d'objets à explorer sans, pour autant, se subsituer à elle.

Le mémoire de Pierre Rivière publié par Michel Foucault en 1973, document essentiel pour mettre en évidence le conflit entre savoir aliéniste et justice pénale, est en même temps présenté par certains contributeurs comme excluant toute tentative d'interprétation totalisante (12). Et l'on se souvient de la critique qui fut adressée par Carlo Ginzburg au silence que se sont, paradoxalement, imposé les auteurs par respects de ce *travail libéré du désir* qu'ils voyaient à l'oeuvre dans le mémoire de Pierre Rivière (13). Pourtant Michel Foucault désigne lui-même les pistes interprétatives qui furent, de fait, suivies près de vingt ans plus tard par Daniel Fabre pour relire ce texte : *"On aurait pu analyser le merveilleux document d'ethnologie paysanne constitué par la première partie du mémoire de Rivière. Ou évoquer encore ce savoir et cette définition populaire de la folie qui se dessinent à travers le témoignage des villageois"* (14). De fait, l'ethnologue montre comment la "folie" de Pierre Rivière est le résultat de deux incomplétudes successives et cumulées : l'alliance aberrante de ses parents qui fait de lui un garçon inachevé, fixé dans l'exploration du monde des oiseaux dont il ne peut revenir pour rencontrer l'autre sexe. Le meurtre, lui-même, vient prendre la place de la sanction rituelle du charivari dont l'usage disparait dans ce bocage normand des années 1830. Loin d'être un révolté moderne, Pierre Rivière apparait comme le héros de l'ordre perdu de la coutume (15). On pourrait, encore, montrer, mais je n'ai pas le temps de le faire, comment Foucault, lorsqu'il se déplace en terrain grec, anticipe, là encore, sur des analyses anthropologiques à venir. Par exemple, la splendide relecture qu'il propose d'Oedipe-roi, en se limitant à une analyse strictement interne du texte de Sophocle, pour montrer que la tragédie défait une forme de pouvoir-savoir, celle autocratique du tyran solitaire, pour faire communiquer par ajustement de moitiés, selon la technique politique, juridique et religieuse du symbole, le savoir prophétique des dieux et des devins, avec le témoignage de ceux qui ont vu, c'est-à-dire avec la mémoire des bergers. Au terme de la tragédie, par-delà un pouvoir devenu aveugle comme Oedipe, il y a les bergers qui se souviennent et les devins qui disent la vérité (16). Or une analyse anthropologique de cette figure du berger "illettré savant" montre comment, à partir du Moyen Age, celle-ci s'élabore, dans la culture européenne, à travers une construction culturelle d'une extraordinaire complexité qui attribue à la figure du berger un double savoir de magicien et de mystique, et qui peut être aussi le support d'utopies politiques (17).

«L'expérience m'a appris que l'histoire des diverses formes de rationalité réussit parfois mieux qu'une critique abstraite à ébranler nos certitudes et notre dogmatisme. Des siècles durant, la religion n'a pu supporter que l'on racontât son histoire. Aujourd'hui, nos écoles de rationalité n'apprécient guère que l'on écrive leur histoire, ce qui est sans doute significatif". Poursuivre, avec les moyens propres à l'ethnologie, la mise en cause de nos certitudes ne me semble pas trahir cette volonté de "penser autrement" qui a animé toute l'oeuvre du philosophe».

Giordana Charuty
CNRS, Centre d'Anthropologie, Toulouse.

NOTES

(1) Didier Eribon, *Michel Foucault (1926-1984)*, Paris, Flammarion, 1989 : 157.
(2) Jacques Léonard, "L'historien et le philosophe. A propos de Surveiller et punir; naissance de la prison" in *L'impossible prison. Recherches sur le système pénitentiaire au XIXe siècle* réunies par Michèle Perrot, Paris, le Seuil, 1980 : 22. On pourra lire la réponse de Michel Foucault dans le même volume : "La poussière et le nuage", op. cit: 29-30.
(3) Paul Veyne,"Foucault révolutionne l'histoire" in *Comment on écrit l'histoire ?*, Paris, le Seuil, Points, 1979 : 204-242.
(4) Michel Foucault, *Les mots et les choses. Une archéologie des sciences humaines*. Paris 1966 : 389.
(5) " La folie et la société" in *Dits et écrits, 1970-1975*, Paris Gallimard, 1994 : 128.
(6) "Revenir à l'histoire " Ibid : 268-281.
(7) Ibid : 635-636.
(8) Georges Dumézil, *L'Héritage indo-européen à Rome*, Paris Gallimard 1949: 42-43. C'est moi qui souligne.
(9) *Dits et écrits 1970-1975*: 406 et suiv.
(10) Michèle Perrot, "La lezione delle tenebre. Michel Foucault e la prigione", in Pier Aldo Rovatti (a cura di), *Effetto Foucault*, Milan, Feltrinelli, 1986 : 153-163. culturels nettement différenciés, qu'il s'agisse des comportements légitimes ou des représentations du monde social, naturel et surnaturel. Il s'agisait aussi d'explorer la réalité des pratiques - résistances, compromis, détournements - pour voir comment ces différences deviennent des enjeux entre groupes sociaux qui utilisent diversement les nouvelles hiérarchies.
(11) Giorana Charuty, *Le Couvent des fous. L'internement et ses usages en Languedoc aux XIXe et XXe sicèles*. Paris, Flammarion, 1985.
(12) *Moi, Pierre Rivière, ayant égorgé ma mère, ma soeur et mon frère... Un cas de parricide au XIXe siècle* présenté par Michel Foucault. Paris, Gallimard/Julliard, coll. Archives, 1973.
(13) Carlo Ginzburg, *Le fromage et les vers*. Paris, Flammarion, 1980.
(14) *Moi, Pierre Rivière...* p. 15.
(15) Daniel Fabre, "La folie de Pierre Rivière", *Le Débat*, n°66, sept-oct. 1991 : 107-122.
(16) "La vérité et les formes juridiques", *Dits et écrits 1970-1975*: 553-570.
(17) Séminaire de Daniel Fabre: "L'illettré savant", EHESS-Antenne de Toulouse, 1993-1994.

Un ethnologue contre l'Etat

" *Pierre Clastres est mort le 29 juillet. L'oeuvre est là, qui va cheminer. Mais garder Pierre vivant parmi nous, c'est aussi nous souvenir de ce qui fondait cette oeuvre, et nous le faisait aimer : le dédain pour les importants et les bavards, comme l'attention à tout essai de parole vraie ; une plaisanterie perpétuelle, mais la colère soudain contre l'oppression et l'imposture ; la distance de l'ironie et la présence laconique de l'amitié ; l'indifférence à l'esprit du temps, le mépris de la pensée de référence, la démarche solitaire...*"

Ainsi s'ouvrait, en novembre 1977, le deuxième numéro de la revue *Libre*, fondée la même année et dont le comité de rédaction comprenait, outre pierre Clastres, les philosophes Miguel Abensour, Cornelius Castoriadis, Marcel Gauchet, Claude Lefort et Maurice Luciani.

La revue n'a eu qu'une existence éphèmère, puisqu'elle a cessé de paraître en 1980. Mais le souvenir de Pierre Clastres, lui, est resté bien vivant, malgré le banal et tragique accident de la route qui l'a emporté en pleine jeunesse, au beau milieu des vacances. Ceux qui, comme moi, ont eu la chance de le connaitre - je l'ai rencontré peu de temps avant sa mort, grâce à un ami ethnologue, lui aussi disparu depuis lors, Bernard Lelong - peuvent attester la justesse du portrait esquissé dans les quelques lignes que je viens de citer. Pierre Clastres était un homme intégre, fidèle et exigeant. De son exigence (envers lui-même plus encore qu'envers les autres), témoigne l'extrême densité des quelques textes publiés par lui de son vivant. Ces textes ont révolutionné l'anthropologie politique. Ils ont aussi posé des questions décisives à la philosophie. C'est d'eux, surtout, que je voudrais parler ici. Non seulement par "devoir" de mémoire, mais parce que je suis convaincu qu'ils portent en eux une nouveauté féconde - bien que celle-ci n'ait à mon sens, pour des raisons sur lesquelles je reviendrai en terminant, pas été jusqu'ici reconnue comme elle le méritait.

Enracinées dans une solide expérience de terrain - qu'illustre ce chef d'oeuvre de l'ethnographie américaniste qu'est la *Chronique des indiens Guayaki* (Plon 1972) - les thèses politiques de Pierre Clastres sont exposées, pour l'essentiel, dans *La Société contre l'Etat* (Minuit , 1974) et dans l'article intitulé "Archéologie de la violence : la guerres dans les sociétés primitives", publié pour la première fois au printemps 1977, dans le numéro 1 de *Libre*.

Sommairement résumées, ces thèses ne visent à rien de moins qu'à susciter une révolution "copernicienne" dans la manière dont l'ethnologie envisageait, jusqu'alors, l'organisation politique des sociétés dites "primitives". Depuis les témoignages des premiers chroniqueurs de la Conquête jusqu'aux observations des ethnographes les plus récents, il était bien connu, en effet que ces sociétés, même si elles possédaient des "chefs" (fort mal nommés, puisque privés de tout pouvoir réel), ne disposaient en fait d'aucun organe de coercition. Elles étaient à la lettre, *"sans loi ni roi"*. Mais cette absence, souvent notée, était interprétée comme un défaut. Si ces sociétés étaient sans Etat, cela venait croyait-on, de ce qu'elles restaient "primitives" au sens péjoratif du terme. les sociétés évoluées devaient avoir un Etat. Le devenir état paraissait être le devenir normal de toute société en marche vers le "progrès". Vision d'un ethnocentrisme déconcertant - mais que personne, en pratique, n'avait eu le courage de remettre en question.

Pierre Clastres n'hésite pas à le faire. Pour lui, il faut cesser de mesurer les sociétés "primitives" à l'aune des sociétés "évoluées". Il faut cesser de considérer la structure étatique comme nécessaire, en droit aussi bien qu'en fait. Il convient même de renverser la perspective. L'apparition de l'Etat n'est pas plus "normale" que son défaut. C'est elle, au contraire, qui requiert d'être expliquée. Surtout si l'on considére que, depuis la formation des premiers groupes humains, la période durant laquelle les hommes ont vécu sans Etat a été beaucoup plus longue que celle qui a commencé, voici cinq mille ans environ, avec l'émergence (à Sumer et dans la vallée du Nil) des formes de bureaucratie les plus anciennement connues.

Cette opposition, on s'en doute, en recouvre d'autres. Les sociétés étatiques possédent l'écriture, tandis que les sociétés primitives l'ignorent (et même l'Empire inca ne constitue pas, de ce point de vue, une exception, puisque le système de cordelettes à noeuds - *quipu* - utilisé par les Incas peut-être considéré comme une forme d'écriture). D'autre part, les sociétés étatiques sont stratifiées, tandis que les sociétés primitives se carctérisent par l'égalité des conditions, par l'absence de toute "classe" ou de toute "caste" héréditaire. Enfin, les sociétés étatiques pratiquent une éconimie qui vise à la constitution de surplus permanents (destinés à nourrir la caste bureaucratique) tandis que les sociétés primitives,tout en connaissant (du moins aussi longtemps qu'elles demeurent protégées de l'Occident) une abondance facile, s'abstiennent de produire plus que ce dont elles ont besoin pour vivre.

Pierre Clastres en arrive ainsi à diviser, du point de vue politique, toutes les sociétés connues en deux grandes familles : celles qui se meuvent dans l'espace de l'Etat, mais également de l'écriture, de la stratification sociale et du surtravail ; et celles qui refusent à la fois, et en bloc, toutes ces "tentations". Car c'est bien d'un refus qu'il s'agit, non d'une simple ignorance, ni d'une aptitude à évoluer.

Revenons, pour nous en convaincre, sur le statut du chef indien - puisque l'Amazonie constitue de nos jours, le plus vaste terrain offert à l'étude des "primitifs"? Ce chef ne dispose on l'a dit, d'aucun pouvoir de commandement. Certes il jouit de quelques avantages symboliques (égards dus à son rang) et d'autres qui le sont moins (puisqu'il a le droitde posséder plus de femmes ques ses "sujets"). Il est également soumis à des obligations exceptionnelles, celles de répondre ax demandes de "cadeaux" dont il est constamment assailli. Et surtout celle de célébrer matin et soir, par de longs discours que personne n'écoute, les vertus des ancêtres du groupe, en particulier leur aptitude à résoudre pacifiquement les conflits intérieurs à la communauté. Mais si la société indienne concède ainsi au chef le triple privilège de rompre le cercle de l'échange réciproque qui la fonde (qu'il s'agisse de l'échange des femmes, des biens ou des mots), bref si elle reconnaît en lui une résurgence de la nature au milieu de la culture, elle fait tout en même temps, pour ôter à cette résurgence son caractère potentiellement menaçant, puisqu'elle la neutralise en privant la chefferie de toute capacité coercitive. Le chef doit exhorter les siens à régler à l'amiable leurs différends internes. Sorti de là, il est rigoureusement impuissant, et cette impuissance n'est pas un hasard, mais bien l'effet d'une stratégie concertée : la meileure preuve en est que le chef qui, par ambition personnelle, voudrait "faire le chef" pour de bon, celui qui s'aventurerait à prétendre commander, serait immédiatement déposé voire mis à mort.

Allons plus loin. L'ethnographie nous enseigne que, comme la plupart des sociétés primitives, les sociétés amazoniennes vivent les unes par rapport aux autres, dans un état de guerre permanent. Pourtant ces guerres qui ne cessent de les opposer ne semblent avoir pour but premier ni la conquête territoriale, ni la prise de butin.Quelle est donc leur finalité ? Elle est, répond Clastres, de maintenir ces sociétés dans une situation de morcellement. Autrement dit, de rendre radicalement impossible la constitution "d'empires" ou de vastes unités sociales soumises à un même pouvoir politique. La guerre n'est pour les Indiens, que la meilleure façon de protéger leur liberté. Même les guerriers victorieux n'ent tirent d'autre avantage que celui, symbolique, du prestige. Après chaque bataille, ils reviennnent vivre, dans leur tribu, la vie de leurs semblables, sans que le succés de leurs armes leur ouvre la moindre voie vers la conquête d'un éventuel pouvoir. Du reste, il leur faut sans arrêt mériter leur réputation en se lançant dans de nouvelles aventures belliqueuses, toujours plus risquées - si bien que leur destin normal est de mourir jeunes et sans descendance.

Reste alors à se demander pourquoi - l'exemple des Incas et des Aztèques entre autres, oblige à se poser la question - des sociétés parfaitement organisées pour conjurer l'émergence en leur sein, d'une caste guerrière dotée d'un véritable pouvoir coercitif n'ont pu, à une moment donné, empêcher le fatal "accident" de se produire.

Pierre Clastres commence par écarter la réponse marxiste. Constatant que " l'infrastucture" économique d'une société primitive peut changer sans que changent ses "superstructures", il repousse l'idée selon laquelle l'apparition de classes sociales pourrait entraîner celle de l'Etat : ce serait plutôt celle-ci qui, d'après lui, provoquerait celle-là. Prudente, son explication personnelle consiste à faire appel - entre autres facteurs possibles - à la démographie. Un société primitive ne peut survivre que si elle se compose d'une population réduite, jouissant d'une faible densité territoriale. A partir du moment en revanche, où la population et sa densité croisent trop vite, on observe que - comme ce fut le cas pour les Indiens Tupi-Guarini à la veille de la Conquête - les pouvoirs du chef peuvent se trouver progressivement reforcés. Processus qui, à terme, conduit à la formation d'un organe politique séparé du corps social, c'est-à-dire à un embryon d'Etat.

De ces thèses, l'originalité était, il y a vingt ans, considérable . Aujourd'hui encore, elle se déploie sur trois plans.

1) Pierre Clastres est le premier ethnologue à expulser l'Etat de la place centrale qu'il occupait non seulement dans l'anthropologie politique mais, depuis le Moyen-Age, dans la philosophie politique. En montrant que les sociétés primitives mettent en oeuvre un véritable faisceau de stratégies pour prévenir l'apparition de ce que nous appelons " Etat", il prouve que ce dernier ne constitue nullement le terme inévitable de toute évolution sociologique. Et, en soulignant le fait que son apparition a finalement été, là où elle a eu lieu, que le fruit de circons-

tances (démographiques ou autres) parfaitement contingentes, il indique également que sa disparition - dans un futur lointain - n'aurait en toute rigueur, rien d'impossible.

2) A un niveau plus général, il fait éclater la notion même de "pouvoir". Depuis ses débuts, en effet la philosophie politique occidentale- prisonnière du modèle étatique - s'est bornée à assimiler " pouvoir" et " pouvoir de contraindre". Or Clastres, en récusant cette assimilation, met en évidence la néceesité de distinguer, de façon plus subtile, des modalités différentes du pouvoir. Dans les sociétés primitives, celui du chef se réduit à un " *pouvoir de parler*". Celui-ci n'est pas nul, cependant, puisque le "*bon*" chef selon les indiens, est un homme qui, par ses discours inlassablement répétés, réussit à convaincre ses semblables de vivre en bonne entente (et de ne se battre qu'avec des étrangers). Quand au pouvoir de décider des grandes orientations de la vie du groupe, il réside chez les indiens, dans la communauté elle-même - sans pour autant prendre un caractère coercitif, puisque les décisions majeures doivent faire l'objet d'un consensus général. Autant de nuances qui, jusqu'à la parution de *La Société contre l'Etat*, n'avaient guère été perçues.

3) Enfin, Clastres réintroduit au coeur de la réflexion politique, la notion de "*lien social*". Le politique et le social pour lui, ne sont pas séparables. Le politique ne "s'oppose" pas au social. Il est l'ensemble des "dispositifs" par lesquels la société assure sa propre reproduction dans le temps. Ainsi en va-t-il de la guerre : phénomène politique par excellence, la guerre, entendue comme stratégie d'évitement ou de morcellement, n'est qu'un des instruments permettant au groupe de conjurer l'apparition au-dessus de lui, d'un organe centralisateur dont la puissance coercitive viendrait à jamais briser le cercle de l'échange réciproque, structure fondamentale des sociétés indiennes.

Ces innovations théoriques - dont certains aspects pourraient d'ailleurs être longuement discutés - ont aujourd'hui perdu une part de leur capacité à nous surprendre. Elles sont d'ores et déjà entrées dans une sorte de "vulgate" ethnologique. Pourtant, je ne suis pas certain qu'elles soit admises par la majorité des chercheurs et je suis presque sûr que beaucoup de ceux qui s'y réfèrent - explicitement ou non - ne sont pas véritablement prêts à en accepter toutes les conséquences.

Pierre Clastres a influencé quelques ethnologues, surtout des américanistes. Mais son oeuvre demeure vingt ans après, sans véritable postérité - pour ne rien dire du silence dont l'entourent de leur côté, les philosophes professionnels. Peut-on trouver, à une telle indifférence, des raisons historiques , J'en vois pour ma part deux.

1) La première tient à la distance prise par Clastres à l'égard du structuralisme et en particulier de Lévi-Strauss, dont on sait la position dominante qu'il occupe

depuis un demi-siècle dans l'ethnologie française (et l'impact qu'il conserve parallélement, sur les milieux philosophiques). Certes, les textes qui composent *La Société contre l'Etat* évoquent encore avec respect - quoique rarement - la figure du "maître" structraliste. Le désaccord entre Clastres et Lévi-Strauss - inévitable sur la question du politique centrale, pour celui-là mais pas du tout pour celui-ci - semble néanmoins latent d'un bout à l'autre du livre. Il devient patent lorsqu'au début de 1977 Clastres s'associe à la création de *Libre* . Rédigé par Claude Lefort (pourtant disciple de Merleau-Ponty, qui avait favorisé l'élection de Lévi-Strauss au Collège de France), le texte-manifeste annonçant la ligne de la revue attaque le structuralisme. Attaque renouvelée, de manière encore plus explicite, par Clastres lui-même, dans "Archéologie de la violence", puis dans "Les marxistes et leur anthroologie", texte inachevé publié dans le numéro 3 de *Libre* (1978). Il y a là comme un crime de lèse-majesté - dont son oeuvre n'a pas tout à fait fini de payer le prix.

2) Plus grave : sans mépriser - bien au contraire - l'oeuvre de Marx, Clastres, qui n'est pas marxiste (puisqu'il affirme, entre autres, l'indépendance du politique par rapport à l'économique), se veut avant tout " libertaire". Ses amis Lefort et Castoriadis ont été les fondateurs de "*Socialisme ou barbarie*" (1949), mouvance que Clastres a fréquentée (sans lui appartenir) à la fin des années cinquante, avant même d'effectuer ses premières enquêtes de terrain en Amérique du sud. Révolutionnaire, il fait sans doute sienne la formule par laquelle, dans un autre article du numéro 1 de *Libre*. Castoriadis définit la révolution comme étant "*exactement l'auto-organisation du peuple*" - définition qui, on l'admettra conviendrait aussi bien aux sociétés indiennes. Comme l'inspirateur de "*Socialisme ou barbarie*" en tout cas, il rejette à la fois le modèle communiste (que ce soit dans ses variantes trotskiste ou stalinienne) et le modèle capitaliste. C'est assez dire qu'il lui reste peu d'alliés politiques, à gauche comme à droite, aujourd'hui comme hier et que l'expression de "démarche solitaire", que j'ai citée en commençant, lui convient mieux qu'à tout autre.

Malheureusement, les démarches solitaires se payent fort cher, elles aussi. Dans le monde "unifié" oùnous vivons depuis la chute du mur de Berlin, un ethnologue contre l'Etat, qui préfère lire La Boétie plutôt que Hobbes, n'a guère sa place - pas plus qu'un indien dans la ville. Cette solitude qui fut la sienne durant sa vie accompagne donc Pierre Clastresdans sa mort. Espérons seulement qu'elle ne durera pas toujours et que d'autres Indiens un jour, finiront par le rejoindre sur son chemin de pensée.

Cambridge (Mass.), 29 juillet 1995

Christian Delacampagne

La pensée en contre-pente de Pierre Clastres

Pierre Clastres est venu au monde trop tôt pour avoir pu trouver sa place parmi les figures reconnues par le *Dictionnaire de l'ethnologie et de l'anthropologie* (1991) qui a fait le choix de ne retenir que les auteurs nés au plus tard en 1930. Les différentes rubriques de ce bel ouvrage ne font d'ailleurs que peu de références à son œuvre. Clastres est absent de l'article concernant les Indiens d'Amérique du sud. Il l'est aussi de celui qui traite de l'Etat. Il n'apparaît - timidement- qu'à l'article « Anthropologie politique » dans lequel sont surtout notés les contreverses que sa thèse « *La société contre l'Etat* » n'a pas manqué de susciter. Nul n'est prophète dans sa discipline et Clastres est sans doute plus apprécié des philosophes et des politologues que dans sa tribu d'origine. Le malaise, le dérangement, aujourd'hui polis mais de son vivant plus crispés, qu'ont provoqué ses écrits dans sa corporation sont, il est vrai, la contrepartie naturelle de son acharnement à penser « à contre-pente » (1).

Son goût de la polémique, servie par une plume joyeuse, ironique et souvent acerbe, ajouté à ses amitiés et à son look libertaire ont aggravé son cas et contribué à sa réputation de provocateur hautain. Critique attentif du structuralisme qui, selon lui, ne parle pas de « société primitive concrète », mais carrément déchaîné contre les marxistes qui ne comprennent rien à celle-ci parce qu'ils postulent que « son être se détermine en fonction de ce qui viendra bien après elle » (l'Etat et le capitalisme) (2), Clastres s'est engagé sur une voie malaisée et solitaire. Ce Léo Ferré de l'anthropologie, sans véritables maîtres ni héritiers, n'en demeure pas moins un formidable remueur d'idées.

Ses a priori philosophiques peuvent énerver et ses analyses ethnographiques prêter à discussion. Mais pour saisir toute l'originalité de sa démarche il convient, me semble-t-il, de dépasser ses aspects les plus immédiats, monograp^hiques et polémiques pour s'attacher à en comprendre la portée générale. La question que pose Clastres est en effet fondamentale pour la pensée occidentale : comment aborder les sociétés qui ne fonctionnent pas comme la nôtre ? De cette entreprise inachevée me paraissent se dégager trois lignes de force qui sont autant d'enseignements susceptibles d'ouvrir de nouvelles pistes de réflexion et - pourquoi pas ? - d'action.

La première nous invite à prendre l'Autre « au sérieux », comme aimait à le répéter Clastres, à comprendre les sociétés primitives selon leur propre entendement d'elles mêmes.

Cette façon d'écouter ces sociétés conduit - deuxième point - logiquement à regarder différemment la politique, dont l'Etat n'épuise pas toutes les virtualités.

Enfin, le regard neuf de Clastres mérite aussi d'être porté sur les situations contemporaines, sa pensée ne doit pas être le témoignage d'une parole moribonde ou disparue, elle débouche, peut-être malgré elle, sur des perspectives nouvelles quant à l'évolution des sociétés dites du Tiers monde.

Savoir écouter ...

Dans un article d'un numéro de *L'Arc* consacté à Claude Lévi-Strauss, Clastres soutient que l'ethnologie est « *l'unique pont jeté entre la civilisation occidentale et les civilisations primitives* ». Dans son esprit, il ne s'agit pas, on s'en doute, de l'ethnologie classique « inévitablement marquée par l'opposition - d'où elle est née - entre raison et déraison, et qui par conséquent induit en soi la limite propre au dialogue, mais d'une autre ethnologie, à qui son savoir permettrait de forger un nouveau langage, infiniment plus riche ; une ethnologie qui, en dépassant cette opposition si centrale autour de laquelle s'est édifié et affirmé notre civilisation, se transformerait elle-même en une nouvelle pensée » (3).

Ce regard neuf et qui, en dernière analyse, détruit ce qui a fondé l'ethnologie ; la distinction entre l'Occident et les Autres, va bien plus loin qu'un simple relativisme culturel ou que la reconnaissance des différences dont se réclameraient la plupart des ethnologues. Ces bonnes intentions, en effet, remarque Clastres, n'empêchent pas l'ethnocentrisme -« qui médiatise tout regard sur les différences pour les identifier et finalement les abolir » (4) - de réapparaître subrepticement, par exemple en posant que « *certaines cultures sont dépourvues de pouvoir politique parce qu'elles n'offrent rien de semblables à ce que présente la nôtre* » (5). D'où le combat incessant de Clastres pour traquer cet adversaire partout où il se cache. Les anthropologues marxistes (Maurice Godelier, Claude Meillassoux), mais aussi les sociologues ou politologues « libéraux » (Jean-William Lapierre, Pierre Birnbaun) furent tour à tour les cibles de sa détermination (6). Mais au delà de ces joutes, qui semblaient le réjouir, la critique de Clastres est capitale car elle remet en cause les référents (l'Etat, l'économie capitaliste, la raison ...) qui organisent notre savoir sur les sociétés « différentes ». La première tâche de cette nouvelle ethnologie (mais on peut élargir la proposition aux autres sciences sociales, car l'ethnologie n'est pas seule à s'intéresser aux sociétés non occidentales » est donc de faire un ménage théorique, de «*renoncer ascétiquement*, insiste Clastres, *à la conception exotique du monde archaïque*» (7).

A rebours, Clastres propose « de prendre enfin au sérieux l'homme des sociétés primitives, sous tous ses aspects et sous toutes ses dimensions » (8). Et c'est bien à quoi il s'applique lui-même dans ses investigations ethnologiques, que ses écrits plus philosophiques ou polémiques ont quelquefois éclipsé, du moins auprès d'un public de non-spécialistes.

Sa *Chronique des Indiens Guayaki* en particulier - qui porte un sous-titre significatif : « *Ce que savent les Ache, chasseurs nomades du Paraguay* » - me paraît être de ce point de vue un travail exemplaire (9). L'ethnologue ne parle pas des Indiens mais s'efforce par le récit de restituer leur parole. Il est moins l'auteur qu'un messager, un intermédiaire. Position évidemment inconfortable - car il est difficile d'éviter toute reconstruction - mais qui seule, explique Clastres, autorise le dialogue entre les cultures et constitue le préalable à toute analyse visant à dégager les éléments organisateurs de cette connaissance indigène et à les interpréter (10).

Cette obstination à «*penser avec le penser sauvage*» (11), rapproche à certains égards Clastres de tout un courant anthropologique qui, revisant l'analyse culturelle classique en l'emmenant sur le terrain de la compréhension et de l'interprétation qu'ont les acteurs sociaux de leur propre univers, cherche à « *entendre les entendements* », ainsi qu'aime à le répéter Clifford Geertz.

Cependant,le message de Clastres a quelque chose de plus radical et de plus dramatique parce qu'il vise, passionément, à « sauver » la pensée indigène sinon de l'ethnocide final inéluctable, estime-t-il, du moins de l'oubli. La disparition des sociétés indiennes dont Clastres a su écouter le témoignage implique la fermeté et la gravité du ton. La quête de l'ethnologue est tragique puisque son sujet s'éteint: *«une ombre mortelle s'étend de toute part»* (12). A moins que la connaissance de cette parole perdue ne puisse acheminer « *notre propre culture vers une nouvelle pensée*» (13), notemment quant au caractère éternel de l'Etat. Mais ici l'ethnologue se mue en philosophe libertaire (14).

Reste que le chercheur rigoureux qu'il fut esplique que son œuvre soit à l'opposé d'un exotisme bien pensant. Le « bon sauvage » ne fut pas son fonds de boutique. La torture, la guerre, a-t-il patiemment montré, sont des fondements essentiels de la société primitive (15). Il s'est toujours défendu d'»envier le sort des sauvages », clamant qu'il s'agissait là d'un entreprise (celle de Robert Jaulin et de ses « acolytes », précise-t-il) dont il n'est pas actionnaire (16).

Son propos était autre. Avec poésie et passion - mais la froideur scientiste n'est pas un gage d'objectivité - il a tenté d'écouter, de dévoiler, de déplier des sociétés sans écritures et sans Etat mais qui n'en sont pas moins, proclame-t-il, des sociétés accomplies, des sociétés adultes. Les « prendre au sérieux » - toujours - est la condition nécessaire à l'émergence d'un nouvel universalisme. Les ethnologhues mais aussi les développeurs en tout genre, feraient bien de méditer les textes troublants du chroniqueur des Indiens Guayaki. Nous y reviendrons.

Redonner aux sociétés primitives, non occidentales, le statut de sociétés à part entière, fut donc la ligne directrice de l'œuvre de Clastres. Dans cette perspective, et en tant qu'anthropologue, son souci permanent fut de montrer que ces sociétés existaient bien comme des sociétés politiques sans pour autant être dotées d'institutions étatiques.

Rompre avec la centralité de l'Etat

Le politique et l'Etat, ne cesse-t-il de nous répéter, ne sauraient se confondre. L'absence d'Etat n'induit pas un quelconque sous-développement politique. Si le pouvoir politique est universel, constate-t-il, il n'en demeure pas moins que le pouvoir étatique n'en est que l'une des modalités, l'autre étant le *«pouvoir non coercitif»* des chefferies indiennes qu'il a étudié. Les sociétés amérindiennes ne sont pas dépourvues de pouvoir, poursuit Clastres, mais porteuses d'un autre type de pouvoir, d'une autre logique politique - d'une autre culture politique dirait le politologue - qui s'efforce de lutter « *pour empêcher les chefs d'être chefs* » ; « *travail de conjuration de l'Un, de l'Etat* » (17).
La société primitive n'est plus dans ces conditions seulement une société sans Etat. C'est une société contre l'Etat; et Clastres analyse méticuleusement les dispositifs politiques et la philosophie de la chefferie qui organise dans l'implicite

ou le flou mais de façon délibérée et active le refus de l'Etat : « *Loin de nous offrir l'image d'une incapacité à résoudre la question du pouvoir politique, ces sociétés étonnent par la subtilité avec laquelle elles l'ont posée et réglée. Elles ont très tôt pressenti que la transcendances du pouvoir recèle pour elles un risque mortel (...). C'est l'intuition de cette menace qui a déterminé la profondeur de leur philosophie politique»* (18). L'indivision sociale et l'impuissance du chef « *tient au cœur de ce discours politique»*.

Cette thèse de Clastres s'inscrit bien dans la « révolution copernicienne » qu'il appelait de ses voeux. Elle engage les chercheurs (et peut-être les « politiques ») à considérer que les sociétés non occidentales sont non des sociétés de l'absence (sociétés de « subsistance », sociétés « sans » Etat) mais des sociétés matures. Mais elle a aussi une vertu plus grande dans la mesure ou ce nouveau regard sur la société primitive nous permet « d'échapper à l'attraction de la terre natale » (19) et donc aux catégories de la pensée occidentale qui sont ainsi revues et corrigées. La visée de la « révolution copernicienne » est donc double. A un premier niveau elle concerne l'anthropologie et plus particulièrement l'anthropologie politique. Mais elle débouche sur d'autres perspectives, plus philosophiques et épistémologiques.

L'anthropologie politique donc, d'abord, se trouve revisitée et voit ses postulats reformulés. S'il doit être en effet entendu que Clastres n'a pas inventé la typologie société à Etat/sociétés sans Etat qui traîne dans tous les classiques de l'anthropologie, s'il n'a pas été le premier à décripter les traits distinctifs de la chefferie indienne (on pense aux travaux de Robert H. Lowie), par contre la rupture décisive, la discontinuité absolue qu'il souligne entre les deux types de sociétés constitue une proposition qui porte une nouvelle orientation. Dans ces sociétés primitives où de nombreux ethnologues croyaient percevoir des « germes » de l'Etat - indiquant par là que leur aspiration naturelle était de s'épanouir dans le modèle étatique - lui décèle un *Contr'Un* et parle de l' «*impossibilité d'une genèse de l'Etat à partir de l'intérieur de la société primitive».* (20).

En somme, conclut Clastres, « *les sociétés primitives sont des sociétés sans Etat parce que l'Etat y est impossible* » (21). Il n'y a donc pas lieu d'y chercher des lois d'évolution allant de la société politique primitive à la société politique étatique comme s'y est attaché l'ethnologie depuis sa naissance. L'Etat n'est qu'un conception « régionale » du politique. Il ne saurait être une institution de référence (comme le suggère l'expression « *société sans Etat»*).

La fermeté de cette position n'est pas, on s'en doute, sans poser un certain nombre de problèmes théoriques que je ne fais ici qu'effleurer. A commencer par le mystère de l'apparition de l'Etat. L'idée d'un « malencontre », d'un « *énigmatique accident* », emprunté à La Boétie (22) (mais celui-ci parle de tyrannie et de servitude volontaire et non d'Etat à proprement parlé) est séduisante d'un point de vue éthique ou philosophique mais bien insuffisante d'une point de vue anthropologique. Clastres semble l'avoir bien compris d'ailleurs en recherchent du côté de la démographie (augmentation de la population) ou de la religion (apparition de prophètes rassembleurs) quelques éléments susceptibles d'éclairer les arcanes de ce grand changement politique.

On peut aussi se demander si la rupture absolue opposant chez Clastres les deux types de sociétés n'est pas trop radicale au point de limiter la porté de sa thèse. Sans avancer, comme il est devenu à la mode, que l'on doive la jeter aux oubliettes parce qu'elle repose sur une vision institutionnelle et qu'elle gomme les dynamiques sociales et politiques, il faut reconnaître que ces deux types de pouvoir politique sont plutôt des pôles entre lesquels se meuvent ces sociétés et que celles-ci peuvent produire des « logiques métisses » (23). Les deux modèles concurrents pouvant bien exister au sein d'une même société. Edmund Leach a magistralement analysé cette ambivalence dans son étude sur les Kachin de Birmanie : deux pôles s'opposent, l'un aristocratique reposant sur la chefferie, l'autre démocratique s'appuyant sur la démocratie villageoise (24). De même que Clastres a repéré dans les sociétés amérindiennes l' «intuition » d'une « menace », d'un « risque mortel » qu'elles s'escriment à contrer, j'ai pu, m'inspirant de sa problématique, analyser le modèle soufi tel qu'il s'est developpé au Sénégal à partir du 18ème siècle comme un contre pouvoir et un refus de la tyrannies des monarchies wolof. Le *Contr'Un* perce en effet dans le message du marabout, et la figure de celui-ci est l'inverse de celle du *ceddo*, le guerrier sans foi ni loi (25). Les sociétés sans Etat ne sont certainement pas les seules à s'opposer à l'Un. Clastres y fait d'ailleurs brièvement allusion dans son texte sur La Boétie : (...) « Et peut-être de ce point de vue certaines royautés africaines ou autres, seraient-elles à classer dans l'ordre plus efficacement trompeur qu'on ne pourrait croire, de l'apparence » (26).

Quoi qu'il en soit, le développement du modèle étatique dans telle ou telle société ne signe pas irrémédiablement la fin du modèle opposé. Certaines sociétés occidentales elles-mêmes sont traversées historiquement par cet antagonisme entre deux cultures politiques, l'une tendant vers l'idéal étatique et l'autre cherchant à résister ou à neutraliser celui-ci. La croisade contre les Albigeois, que Clastres évoque dans son texte sur l'ethnocide (27), se prête sans doute à une telle interprétation. Dans ce drame, en effet, s'affrontent non seulement deux communautés religieuses mais deux cultures politiques bien distinctes. Les troubadours occitans l'ont d'ailleurs vu ainsi (28).
Bref, la thèse de Clastres soulève de nombreux débats. Elle ouvre un espace de réflexion nouveau sur le politqiue.

On le voit, pour en apprécier toute l'épaisseur, c'est sur un terrain plus large que l'anthropologie qu'il convient de se placer. En effet, si les thèses de Clastres ont provoqué autant de discussions, voire de passion, c'est qu'à travers l'étude du pouvoir dans les sociétés amérindiennes elles s'attaquent à un morceau de choix: l'omniprésence de l'Etat dans la pensée occidentale.

L'Etat est tellement ancré dans l'horizon qu'il en devient un objet naturel, un impensé. «*On ne peut penser la société sans l'Etat, l'Etat est le destin de toute société (...). Chacun de nous porte en effet, en soi, intériorisé, comme le foi du croyant, cette certitude que la société est pour l'Etat*» (29). L'Occident a du mal à se défaire de cette idée reçue qu'une société sans Etat n'est pas vraiment une société. L'institution de la société ne peut donc passer ne peut donc passer que par l'Etat. Malgré le travail de l'ethnologie qui, hélas, n'a souvent fait que confirmer l'exotisme, l'étrangeté des sociétés indiennes ou africaines - et qui est en plus elle-même traversée par « une obsession de l'Etat » pour reprendre la formule de Marc Abélès (30), les sciences sociales ont largement assimilé le paradigme du Léviathan.

Les difficultés des sciences sociales à appréhender la société en dehors des catégories et le langage de l'Etat proviennent de cette vision d'un Etat qui est « anthropologiquement la tête et le bras de la société » , son « super-acteur » et son « principe d'unité », ainsi que l'écrit Alain Touraine. Et il conclut : « *De là l'effort particulier que la sociologie doit faire en France pour détrôner l'Etat, mettre en doute sa vision, son ordre et son discours (...) (31)* ». En France, certes, particulièrement, tant l'Etat et le jacobinisme ont perverti le regard de nos meilleurs esprits. L'Etat y est moins un objet de recherche qu'un texte à la fois familier et sacré qu'il est donc malaisé de remettre en cause.

Clastres fut un des rares intellectuels français (mais je pense aussi à Pierre Legendre et à son analyse si décapante du droit et de la science politique - et qui publia son livre *jouir du pouvoir* dans la collection qui avait accueilli *La société contre l'Etat* (32)) - à avoir osé braver ces interdits.

Son penchant tout libertaire à vouloir en découdre avec l'Etat et à découvrir « les conditions de possibilité de sa mort » (33), si utopique apparaît-il, nous permet au moins une lecture alternative du politique et ouvre sans doute la voie à une autre façon de concevoir la sort des sociétés occidentales. Mais celles-ci existent-elles encore, du moins sous la forme de sociétés primitives, c'est-à-dire pour Clastres, sans et contre l'Etat ?

Mort ou revanche de la société primitive ?

L'oeuvre de Clastres est sur ce point traversée par un mouvement contradictoire. D'un côté en effet, sa pierre de touche c'est de poser un réel « dialogue » entre la société primitive et la société occidentale, elle qui a enfermé l'Autre dans des catégories « archaïques, aboutissant à rendre impossible sa survie ou son inscription dans le monde moderne. En nous rappelant sans cesse que les sociétés primitives ne fonctionnent pas sur le mode déficitaire mais que , au contraire, elles sont parfaitement capables « de réfléchir et d'inventer à leurs problèmes des solutions appropriées » (34), Clastres établit les conditions d'un dialogue entre sociétés certes différentes mais tout aussi majeures les unes que les autres.

Seulement, les rapports de force entre ces deux types de société font que les conditions politiques du dialogue sont plus qu'aléatoires. Difficile en effet d'entamer un dialogue sur un champ dévasté. La lutte idéologique de Clastres pour permettre à une « nouvelle pensée » de se former se heurte au poids de l'histoire, à la conquête et à l'ethnocide. L'Occident ayant triomphé des Barbares, l'ethnologue des sauvages ne peut être que le témoin d'une humanité en voix de disparition. Son travail consiste alors à «*récolter quelques vestiges de quelques coquilles qui furent, c'est fatal, cassées pour que se fasse l'omelette occidentale*» (35). La passion de Clastres fait à bien des égards figure d'oraison funèbre de la société primitive. *La chronoque des Indiens Guayakis* touche à sa fin (l'ultime chapitre du livre porte le titre : « fin »). En des mots empreints d'une sobre nostalgie, Clastres parle du destin tragique des ces fiers Ache (ainsi se somment les Guayaki) que son regard ne croisera plus.

« *Je n'ai jamais revu les indiens Guayaki, malgré plusieurs séjours au Paraguay. Je n'y tenais pas. Qu'aurais-je en effet trouvé ? A mon arrivé à Arroya Moroti, ils étaient au nombre d'une centaine. Je les quittais un an plus tard : il n'en restait plus que 75. Les autres, morts de maladie, rongés de tuberculose, faute de soins, faute de tout. Les survivants ? Epaves désespérees d'avoir eu à quitter leur préhistoire, jetés qu'ils furent dans une histoire qui ne les concernait que pour les abolir. Il s'agit là de peu de choses : juste une page de plus au monotone recensement - avec dates, lieux et chffres de plus en plus précis - de la disparition des dernières tribus indiennes. Qu'en est-il maintenant des vaillants chasseurs ache ? Au dernières nouvelles obtenues en 1968, il n'en survivrait plus qu'une trentaine. Peu importe d'ailleurs leur nombre, s'ils sont de toute façon condamnés, eux et les autres. L'entreprise, inaugurée à la fin du 15 ème siècle, touche maintenant à sa fin (...) *»(36). La fin des Ache souligne la dérision du dialogue ; à moins que les Indiens ne soient qu'un souvenir venant troubler un instant la bonne conscience de l'Occident ou plutôt de quelques-uns de ces intellectuels marginaux. Trouble qui n'aura pas grande conséquence puisqu'il est privé de perspectives ; la courbure de la pensée ne pouvant infléchir la réalité historique et donc l'action. Il n'y a plus rien à changer. La mort viendra inéluctablement ...

Arrêtons là les propos de Clastres. Non pour en contester les prémisses, la logique ou certains aboutissements, mais pour la conduire vers d'autres horizons.

La fin des sociétés primitives est bien inscrite dans le projet de l'Occident et de ses relais indigènes. Il est vrai que de nombreuses sociétés indiennes, océaniennes ou africaines sont déjà condamnées et que toutes les antiques sociétés sans Etat sont aujourd'hui soumises à des Etats-nations modernes. Mais cette dernière servitude est loin d'être toujours achevée, et nombreux sont les signes d'une articulation problématique à ces structures politiques venues d'ailleurs. Au point même que tout en étant dominées par le monde occidental, ces sociétés ont pu quelquefois en détourner les logiques selon leurs propres besoins et leur vision particulière du monde. Ces pratiques populaires (révoltes, abstentionisme électoral, économie « informelle », refus d'appliquer le droit officiel, développement de mouvements religieux autonomes, etc.) limitent, relativisent l'emprise du champs étatique et expriment une « revanche » de la société contre un Etat qu'elles contribuent ainsi à atrophier (37).

Il faut, bien sûr, « scruter l'histoire à l'envers », selon l'expression de Nathan Wachtel (38), pour considérer que ce qui du pont de vue de la pensée occidentale relève de la « crise » ou du « sous-développement » soit susceptible d'être appréhendé comme des conduites politiques ou une énonciation du politique à part entière. Curieusement, ce qui dans le regard occidental sur les autres traduit l'échec de la « modernisation » représente dans la vision des vaincus ce qu'il demeure de leurs capacités créatrices. L'Occident montre du doigt comme étant les signes de l'immaturité, ou d'un état pathologique, des sociétés du Tiers monde des traits qui sont la preuve de leur existence propre, de leur esprit d'invention.

Le *Contr'Un* que Clastres nous a appris à identifier et à comprendre poursuit toujours son œuvre d'une façon ou d'une autre comme un corps étranger dans l'ordre dominant. Vaincue, la société primitive n'en continue pas moins son parcours dans les interstices de l'Un toujours conquérant, vaille que vaille.

La pensée à contre-pente de Clastres a rompu avec les habitudes confortables de l'Occident. Il n'a pas prêché le retour des tribus. Mais la problématique que son œuvre, trop courte, a su formuler interroge le destin heurté de ces *«gens tout neufs»* dont La Boétie nous dit que « *si on leur présentoit ou d'être serfs, ou francs selon les loix desquelles ils s'accorderoient, il ne fait pas de doute qu'ils n'aimassent trop mieux obéir à la raison seulement, que servir à un homme* ».

Christian Coulon
CNRS, Centre d'étude d'Afrique noire, IEP, Bordeaux.

Notes

1 - Clastres, Pierre. *La société contre l'Etat*, Paris : Les Editions de Minuit, 1974. P.24.

2 - Clastres, Pierre. « Les marxistes et leur anthropologie » in *Recherches d'anthropologie politique*, Paris : Editions du Seuil, 1980. P.158 et 169. Ce volume réunit des textes de Clastres publiés entre 1969 et 1977, date de sa mort.

3 - Clastres, Pierre. « Entrte silence et dialogue » , *L'Arc*, 1968. p.76-78.

4 - Clastres, Pierre. *La société contre l'Etat*, op.cit., p.15.

5 - *ibid.* p.16.

6 - On trouvera dans les *Recherches d'anthropologie politiques op.cit.* la plupart de ces textes polémiques, et dans le premier chapitre de *La société contre l'Etat* («Copernic et les sauvages ») la critique de l'œuvre de J.W. Lapierre.

7 - Clastres, Pierre. *La société contre l'Etat*. p.18.

8 - Clastres, Pierre. *idem.*

9 - Clastres, Pierre. *Chronique des Indiens Guayaki*, Paris : Plon « Terre Humaine », 1972. Edition en livre de poche (« Terre Humaine/Poche), Presse Pocket, 1991.

10 - Sur l'originalité de l'approche ethnologique de Clastres, voir le texte d'Yvonne Verdier «Prestige de l'ethnographie», in Miguel Abensour (sous la direction de), *L'esprit des lois sauvages. Pierre Clastres ou la nouvelle anthropologie politique*, Paris Seuil, 1987, p.19-39.

11 - Selon l'expression de Michel Deguy, in «La passion de Pierre Clastres» in M. Abensour (sous la direction de), *op.cit.*, p.86.

12 - Clastres, Pierre. *La société contre l'Etat*, op.cit., p.29.

13 - Clastres, Pierre. «Entre silence et dialogue», *art.cit.*

14 - Voir la conclusion de son article «la question du pouvoir dans les sociétés primitives» paru dans la revue libertaire *Interrogations* (7, 1976) et repris dans *Recherches d'anthropologie politique*, op.cit.p.103-109.

15 - Voir: «Archéologie de la violence; la guerre dans la société primitive», in *Recherches d'anthropologie politique*, op.cit.p.171-207; «De la torture dans les sociétés primitives», in *La société contre l'Etat*, op.cit., p.152-160.

16 - Voir son texte «Le retour des Lumères», in *Recherches d'anthropologie politique*, op.cit.p.147.

17 - Clastres, Pierre. *La société contre l'Etat*, op.cit.p.186.

18 - *Ibid*, p.40.

19 - *Ibid*, p.23.

20 - *Ibid*, p.182.

21 - *Ibid*, p.172.

22 - Voir son étude sur le *Discours de la servitude volontaire*, ; «Liberté, malen-

contre, innommable» qui suit l'édition du texte célèbre de La Boétie, Paris, Payot, 1985, p.229-246. Article repris dans *Recherches d'anthropologie politique, op.cit.* p.11-125.

23 - Je fais référence ici au livre de Jean-Loup Amselle, *Logiques métisses, Anthropologie de l'identité en Afrique et ailleurs,* Paris, Payot, 1990.

24 - Leach, Edmund. *Les systèmes politiques des hautes terres de Birmanie,* Paris: Maspero, 1978.

25 - Coulon, Christian. *Les musulmans et le pouvoir en Afrique noire. Religion et contre-culture,* Paris, Karthala, 1983 (2ème édition 1988), voir en particulier le chapitre 1: «soufisme et démocratie africaine».

26 - Clastres, Pierre., «Liberté, malencontre, Innommable»*art.cit.,*p.161.

27 - Clastres, Pierre. *Recherches d'anthropologie politique, op.cit.,* p.47-57.

28 - J'ai tenté dans un texte ancien de montrer les manifestations et les aléas d'une culture politique du Cont'Un dans l'espace occitan. Voir C. Coulon, «Le Cont'Un occitan», *Autrement,* 25, 1980, p.85-99.

29 - Clastres, Pierre. *La société contre l'Etat, op.cit.,* p.161.

30 - Abélès, Marc. *Anthropologie de l'Etat,* Paris, Armand Colin, 1990. Voir chapitre 1: «L'obsession de l'Etat» (p.9-61).

31 - Touraine, Alain, *La production de la société,* Paris, Editions du Seuil, 1973, p.517.

32 - Legendre, Pierre. *Jouir du pouvoir. Traité de la bureaucratie patriote,* Paris, Editions de Minuit, 1976.

33 - Voir la conclusion de son article «la question du pouvoir dans les sociétés primitives» in*Recherches d'anthropologie politique, op.cit.,*p.109.

34 - Clastres, Pierre. *La société contre l'Etat, op.cit.* p.19.

35 - Deguy, Michel, «La passion de Pierre Clastres» in M.Abensour, *L'esprit des lois sauvages, op.cit.* p.87.

36 - Clastres, Pierre. *Chronique des Indiens Guayaki, op.cit.,* p.283.

37 - Voir sur ce point le très stimulant article de Jean-François Bayard, «La revanche des sociétés africaines», *Politique africaine,* 11, 1983, p.94-127.

38 - Wachtel, Nathan, *La vision des vaincus. Les Indiens du Pérou devant la conquête espagnole: 1530-1570,* Paris, Gallimard, 1971 (en Folio/Histoire, 1992)

Configurations sauvages

L'anthropologie urbaine est-elle, de fait, anti-autoritaire ?

Dans le droit fil des réflexions produites par Colette Pétonnet et Marie-Christine Pouchelle (1) dés 1989, la question du caractère anti-autoritaire de l'anthropologie urbaine mérite d'être posée. En effet, si cette interrogation s'inscrit dans le cadre plus général du rôle de l'ethnologue à l'étude de sa société dont ces auteurs attestent qu'il "*... consiste au moins à transmettre une attitude critique par rapport aux données du sens commun, à enseigner la désobéissance aux idées reçues, à donner l'exemple de l'irrespect relativement aux valeurs considérées comme évidentes.*"(p.190), elle reste motivée par le statut particulier qui est réservé à l'exercice de cette discipline sur ce terrain.

Une histoire et une épistémologie instructives

De fait, déjà, l'éclosion de ce champ de recherches, dont les premières publications apparaissent en 1968 en France (2), a lieu dans la plus grande discrétion, alors que la scène intellectuelle est occupée par les empoignades structuralo-marxistes. Le père fondateur, l'instigateur de l'ouverture de ce nouveau terrain, celui qui encourage et soutient les étudiants qui s'y dirigent est André Leroi-Gourhan. Ethnologue, archéologue, paléontologue, il exhortait dès 1936 (3) à "*...présenter la culture européenne moderne, de considérer la radio comme un moyen de transmission comparable au tambour, le complet veston comme le vête-*

ment typique des indigènes mâles et la mitrailleuse comme une arme de jet". Sans doute était-il trop tôt pour que cela fut alors entendu et compris, mais plus de trente ans après, il ne peut que s'étonner que *"...c'est une singularité que de prétendre étudier l'Homme en tenant l'homme civilisé ou comme trop bien connu, ou comme d'une essence en quelque sorte extra-humaine"* (4). Si force est de constater avec Jacques Gutwirth (5)que *"...des disciples de Claude Lévi-Strauss ont interprété à la lettre certains de ses écrits selon lesquels la ville se prête mal à l'analyse structurale et à ses "modèles mécaniques"; elle est le lieu privilégié des travaux et des modèles de type statistiques"*, il faut bien reconnaître que ce sont en grande partie des anciens élèves du Centre de Formation à la Recherche Ethnologique (CFRE), dirigé par R.Bastide et A.Leroi-Gourhan, qui sont devenus les pionniers de cette orientation actuelle de l'anthropologie en France.

Dans la foulée de cet avènement discret son développement institutionnel initial relève du quiproquo : ce n'est pas, contrairement à ce que l'on pourrait penser, dans les structures officielles et institutionnelles de l'anthropologie, que l'ethnologie urbaine trouve, en France, à ses débuts, la reconnaissance, l' accueil et l'abri nécessaires à son développement. Ces dernières, dominées par une orthodoxie à la mesure des conceptions lévi-straussiennes dominantes affichent sinon de la réticence au moins une prudente réserve quant à l'ouverture de champ de recherches. Si bien que c'est plus alors du côté d'autres disciplines (comme l'urbanisme, l'aménagement urbain) et d'autres institutions (comme la Mission de la Recherche Urbaine et le Ministère de l'Equipement) que se manifestera l'intérêt le plus immédiat (6). Il faudra attendre les années quatre-vingts pour que la communauté scientifique des anthropologues atteste, suite à une floraison continue de travaux et de publications, l'existence officielle de ce surgeon disciplinaire : la Mission du Patrimoine Ethnologique (Ministère de la Culture) prend le relais de la MRU dans ses appels d'offres en "ethnologie urbaine", dans son programme "Ethnologie de la France"; la Société d'Ethnologie Française consacre en 1981 une journée d'étude à "l'anthropologie culturelle dans le champ urbain"; l'Association Française des Anthropologues réserve, la même année, lors de son colloque international consacré à "La pratique de l'anthropologie aujourd'hui", un atelier aux "sociétés urbaines et industrielles"; ces communications donneront lieu à la publication de numéros spéciaux d'"*Ethnologie Française*" (1982,3) et de "*L'Homme*"(1982, XXII, 4). Dès lors, l'anthropologie urbaine sera acceptée à part entière, c'est à dire qu'elle partagera, pour le rayonnement de son enseignement, le lot commun de l'anthropologie française, c'est à dire la part congrue qui lui est octroyée par l'impérialisme sociologique universitaire.

Cette tolérance n'est d'ailleurs pas sans contrainte: sans DEUG spécifique (seul le DEUG de Sociologie fait autorité), sans cesse obligée de négocier son existence dans des cursus mixtes, elle subit une tutelle permanente handicapant son développement. Bien plus, elle doit revendiquer de manière permanente sa spécificité (celle de ses méthodes comme celle de ses problématiques) toujours susceptible d'être diluée et confondue avec celle de la sociologie. De fait, le grand public et les médias l'ignorent ou la réduisent à cette autre science sociale dans une confusion souvent entretenue d'ailleurs par certains universitaires qui n'ont pas peur du ridicule pour l'affirmer péremptoirement.

On est loin de la situation américaine où l'anthropologie universitaire fut établie d'abord et indépendamment de la sociologie. Dans ce contexte outre-atlantique, l'anthropologie urbaine occupa, à la même période, une place de fait. En France, l'héritage de l'école de sociologie française et son envahissement du terrain universitaire restent, pour l'ethnologie en général et l'ethnologie urbaine en particulier, lourds à porter. De fait, l'enseignement spécifique de cette dernière n'est présent qu'à Paris (Paris V, Paris VIII et sporadiquement à Paris X), avec quelques traces à Toulouse et à Lyon. Très logiquement, il n'existe pas en France de revue spécifique d'ethnologie urbaine. Enfin, il n'y a que deux structures attachées à produire de la recherche dans ce champ : l'ERAUI (Equipe de Recherche en Anthropologie Urbaine et Industrielle) de l'E.H.E.S.S. à Paris et , seul au sein du CNRS, le Laboratoire d'Anthropologie Urbaine à Ivry.

Par rapport à cet état des lieux, la demande de maîtrises, de DEA et de doctorats est, dans ce domaine, en augmentation constante dans l'ensemble de la France, ce qui n'est pas sans poser aux étudiants surtout provinciaux mais aussi parisiens des problèmes d'accès à une formation et à un encadrement adaptés.

Equivoques et quiproquos

Une telle situation n'est pas indépendante d'un contexte ambigu plus général. Que ce soit l'illusion première des aménageurs et des urbanistes d'avoir pensé trouver dans l'ethnologie urbaine une source d'intérêt aurait dû mettre la puce à l'oreille des ethnologues travaillant sur l'urbain. En effet, que pouvaient réellement attendre ces derniers de praticiens rôdés à servir des disciplines de fait asservies, dans leur définition même, à satisfaire les décisions du pouvoir et de l'autorité, que ceux-ci relèvent de l'état, des régions, des départements ou encore des municipalités ? Emanant, historiquement et épistémologiquement (7), dans le dispositif du renforcement de la gestion des espaces et des hommes mis en place par l'autorité publique, au XIXème siècle, ces disciplines font, de la "servitude volontaire" à l'autorité qu'elles servent, leur credo. Elles sont dominées par divers commis de l'état issus de grandes écoles (par ordre hiérarchique, Polytechnique, Ponts et chaussées, Travaux publics de l'Etat sans oublier les architectes des Batiments de France et ceux des Monuments historiques dont l'autoritarisme, en matière de conservation du patrimoine, n'a rien à envier aux autres), constitués en corps à même de veiller à la maintenance de l'hégémonie de leur pouvoir. Bien sûr, l'université place ses produits, souvent tout aussi serviles mais plus critiques, à des postes subalternes. Face à cet appareil et à ces fonctions explicites et implicites, quel pouvait être le rôle attendu de l'ethnologie urbaine ? La réponse ne fut pas longue à venir à travers diverses collaborations : servir d'alibi et de caution scientifique (comme science humaine) à des stratégies dont les finalités servaient des intérêts opposés à ceux des populations étudiées par l'ethnologue.

Ce rôle est en fait, au-delà de l'urbanisme et de l'aménagement, celui qui reste implicitement exigé de l'ethnologue à travers toute demande sociale. Que celle-ci émerge du secteur de la santé, de celui de l'aide sociale et de la solidarité, qu'elle concerne les "gens du voyage", les "immigrés"ou les SDF, elle recouvre toujours cette même attente : confirmer des discours et des représentations dominantes. Or le rôle de l'ethnologue est tout autre, il est radicalement ailleurs que dans cet effet de miroir où il renverrait et conforterait le reflet complaisant que toute société cherche, même au prix du mensonge et de l'illusion sincères, à avoir d'elle-même ! Sa longue enquête de terrain, sa patiente collecte des matériaux, l'induction de ses hypothèses de travail à partir de ces données, l'élaboration de sa problématique, visent la construction d'un objet au de-là de ce miroir, là où, justement se démontent ces effets d'optiques et où se révèlent les véritables ressorts qui à la fois motivent ces représentations et animent en profondeur les logiques sociales et culturelles. Ainsi, par exemple, il ne peut pas cautionner à travers ses recherches, la logique de l'exclusion sociale quand le corps social se contente de prétendre la résoudre par la philanthropie et l'action caritative alors que réside là, dans nos sociétés industrielles, une forme contemporaine de sacrifice humain. De la même façon, il ne peut pas approuver, pour leurs seules qualités d'hygiène et de confort, les "aires de stationnement" aménagées pour les gens du voyage alors qu'elles s'accompagnent d'interdictions réduisant leurs libertés d'action et ont un effet d'assignation à résidence frappant les populations nomades. Il ne peut pas valider l'illusion qu'une rénovation urbaine n'engendre pas, systématiquement, une rénovation sociale (alors que souvent c'est cette seconde perspective même qui motive et fonde la décision de rénover le bâti !). Bref, de fait, l'ethnologue ne peut prendre qu' à contrepied, le discours dominant et celui de l'autorité.

La contrepartie de cette obligation est patente: ses recherches ne sont pas entendues et comprises. Par exemple, C. Pétonnet multiplia les mises en garde aux urbanistes et aux architectes des années soixante-dix quant à l'entassement des populations "à problèmes" (françaises et étrangères) dans un habitat social de pacotille relégué dans les banlieues lointaines et oubliées...On sait ce que cela a donné et l'implosion inéluctable qui s'y produit, sans que d'ailleurs, malgré le fracas des annonces velléitaires du politique, quoi que ce soit n'ait changé (8).
Il en est de même des problèmes sociaux que tout pouvoir aborde rarement autrement que dans l'urgence. Si, selon l'adage, "gouverner c'est prévoir", ce sujet -là manque singulièrement de gouverne. Sans doute n'est-il pas, fondamentalement,

dans la tête de nos dirigeants (et la formation à l'E.N.A. n'y prépare guère !) jugé comme prioritaire, en dehors de la logorrhée démagogique et médiatique qu'il est de bon ton d'y consacrer et dans l'art de laquelle, tout politique est passé maître. Cet état de fait n'incite guère à penser à moyen et à long terme et à se donner les moyens matériels (ainsi que les structures) d'une volonté qui, si elle a, devant les caméras, la main sur le coeur, l'a plus rarement dans la poche, en coulisse, pour concrétiser son discours. Quand la crise se manifeste, il est bien sûr trop tard pour agir en profondeur, et, pour peu qu'elle se calme rapidement, les motivations qu'elle avait pu alors instiguer s'évaporent sans retard. Dans un tel contexte, où le pouvoir navigue à vue, en mobilisant, pour le faire, des enseignements aussi rapides qu'allusifs, l'ethnologie n'a pas sa place. En effet, la lenteur incompressible de l'enquête de terrain en profondeur, la satisfaction à l'impératif de rendre compte de la totalité, s'accomodent mal de l'urgence. Aussi, quand on n'a pas le temps d'attendre le travail minutieux de l'artisan, on fait avec les "à peu près" de la production en grande série. La sociologie y pourvoit, vite fait, trop souvent mal fait, à coup de découpages "a priori" et d'enquêtes statistiques mal car peu fondées. Ces productions rapides plaisent, elles servent de références si ce n'est d'alibis aux rares décisions gouvernementales prises après consultation des oracles publicitaires: tout est dans l'effet d'annonce. Au-delà du menu, le service cafouille, l'intendance ne suit pas. La médiocrité des résultats reste dans la logique de celle des prémisses.

L'ethnologue urbain reste donc un personnage anachronique, encombré de données de terrain, vivant au large des médias. On n'entend jamais ce qu'il dit quand bien même on prêterait l'oreille car cette surdité n'est pas auditive : l'écho de la réalité qu'il répercute est trop insupportable. Sans doute expérimente-t-on là le déni légitime, l'image, que toute culture adopte pour se défendre d'une réalité qui est sienne et qu'elle ne veut point reconnaître. Avec les sociétés "exotiques" l'affaire était toute autre car on ne s'inquiétait point du "feed-back". Dans nos sociétés, celui-ci est anticipé comme un risque. D'où ce curieux constat de sociétés occidentales fascinées par l'ethnologie de l'autre-exotique, pourvu qu'il soit éloigné dans l'espace et dans le temps, et aveugles devant celle du semblable-"endotique" ! Face à ce contexte, l'ethnologue joue, de fait un rôle équivoque. Témoin encombrant, il est en permanence cité à la barre et jamais appelé à témoigner. Son statut est généralement soit dénié au profit de celui du sociologue dont on l'affuble soit revendiqué par imposture. Lui-même n'est guère plus à l'aise avec son objet dont il redoute toujours qu'il serve au pouvoir, qu'avec lui-même et son propre désir, toujours ambigu, à ethnographier. Il n'a ni recettes, ni remèdes alors qu'on le presse d'en donner et quand il se risque à des propositions, on les ignore délibérément.

L'ethnologue et la "servitude volontaire"

Tout comme Ulysse se rendant sourd au chant des sirènes, l'ethnologue doit s'appuyer sur une éthique inflexible pour ne pas se vendre pour un plat de lentilles. La "business anthropology" (l'anthropologie des affaires) américaine en offre un contre-exemple plein d'intérêt que soulignait une collègue d'outre-atlantique en vantant ses aspects très lucratifs "à condition de ne pas avoir d'états d'âme". L'anthropologie industrielle française n'en n'est pas encore là , mais la légitimation de la "culture d'entreprise" demandée à quelques ethnologues serait susceptible de l'amener rapidement à ce stade. Qu 'est-ce à dire ? Tout simplement que l'ethnologue en France, ne pouvant pas s'appuyer sur un code d'éthique professionnelle, ne peut compter que sur son éthique personnelle pour résister à la jouissance de la servitude volontaire. Ce qui est peu en ces temps actuels et qui implique une éthique à géométrie d'autant plus variable que les débouchés professionnels sont étroits et les financements rares.

D'autre part, l'université, à travers son oeuvre de transmission, est-elle toujours garante de cette éthique ? Si c'est le cas en théorie, les exemples dans la pratique sont parfois a contrario : le népotisme mandarinal, l'esprit "maffieux" entretenu par des clans, des écoles de pensée jalonnent certains cursus et recrutements au point de laisser se répandre l'idée que ces manières de faire sont générales. De fait, la composition des comités de rédaction des rares revues d'anthropologie française où certains noms se répètent, le verrouillage d'un certain nombre d'instances décisionnelles professionnelles et d'organismes de financement où l'on retrouvent ces mêmes têtes confirmeraient que la pratique de l'ethnologie ne garantit pas totalement de la tentation du pouvoir.

Dans ces conditions, les rapports de l'ethnologie et de la pensée anti-autoritaire méritaient, au-delà de la célébration que nous avons pu en faire, une actualisation vivifiante . Sans doute puiserons-nous à la source de ceux que nous avons évoqués, et qui ont déjà témoignés dans leurs écrits et leurs pratiques professionnelles, la force de poursuivre et d'actualiser leurs choix d'indépendance idéologique et scientifique, dans cette discipline rebelle. De fait, les pressions et les tentations à céder au conformisme et au consensus dominants qui servent, en cette fin de millénaire, de morale professionnelle à trop d'intellectuels et de chercheurs, rendent plus que jamais d'actualité cette pensée d'Elisée Reclus (9): *"L'histoire nous dit que toute obéissance est une abdication, que toute servitude est une mort anticipée"*.

Daniel Terrolle
Maître de Conférences en Anthropologie, Paris VIII
Laboratoire d'Anthropologie Urbaine, CNRS.

NOTES

1 - "Le rôle de l'ethnologue dans sa société" , M. Ségalen (sous la dir.), *L'autre et le semblable*, Paris, CNRS, 1989, p. 183-191

2 - En dehors des recherches africanistes, celles consacrées au domaine français sont alors :

- Monod, Jean, Les Barjots. Essai d'ethnologie des bandes de jeunes, Paris, Julliard, 1968.

- Pétonnet, Colette, *Ces gens-là*, Paris, Maspéro, 1968.

3 - P.Rivet (éd.), Encyclopédie française , Paris, T. VII, 24, p.18

4 - *L'Homme et la matière*, Paris, Albin Michel, 1971, p.316

5 - "L'anthropologie urbaine en France", *Critiques*, 1983, 438, p.872-895

6 - Dans les années soixante-dix, la M.R.U. lance des appels d'offres en "ethnologie urbaine" et organise des confrontations entre chercheurs à propos de questions méthodologiques, alors qu'à l'Institut d'urbanisme de Paris VIII je peux développer une enseignement de licence, de maîtrise et organiser des stages de formation permanente sur ce thème.

7 - Françoise CHOAY, article "Urbanisme", Encyclopédia Universalis

8 - On paye maintenant en "coût social", les économies ridicules (réalisées sur la conception, sur la réalisation, sur les équipements collectifs, etc...) faites alors dans l'optique bornée du court terme. Architectes, urbanistes et politiciens n'ont, en la matière, guère changé de point de vue malgré l'échec manifeste de ces réalisations qui discréditent leurs prétendues compétences : rien ne saurait les y encourager car, d'une part, ils logent trop rarement dans l'habitat social qu'ils ont conçu pour en apprécier les défauts, d'autre part c'est la collectivité (locale et nationale) qui supporte la charge économique des "coûts sociaux" impliqués par leurs décisions et productions.

9 - *L'évolution, la révolution et l'idéal anarchique*, Stock, 1979.

La Société contre la monnaie

La mise en place de nouvelles démarches et la définition d'objets inédits, moyens privilégiés pour échapper à "la répétition pompeuse de maîtres reconnus (qui) s'appelle l'académisme" (Geertz, 1972: 20), s'effectue bien souvent en franchissant les frontières des disciplines et en brisant les définitions canoniques. Ainsi, en adoptant dans l'étude des sociétés européennes les démarches utilisées dans les cultures exotiques et en abordant des domaines occupés habituellement par d'autres disciplines, nous pouvons rencontrer de nouveaux modes d'appréhension de nos conduites.

Dans cette perspective, nous allons appliquer à un objet, la monnaie, dont le monopole de l'étude appartient en Europe aux économistes, les démarches habituelles de l'ethnologie exotique: un espace d'enquête limité, en l'occurrence les Landes de Gascogne, et l'utilisation informations issues du discours indigène. L'image de la monnaie qui résulte de cette procédure diffère radicalement de celle donnée par les économistes. Les conséquences sont considérables car nos dirigeants agissent, non en fonction du discours des ethnologues ou même des utilisateurs de la monnaie mais au contraire suivent l'avis des économistes qui désormais, sur ce point, n'ont peut-être plus le monopole académique. Par contre, ils gardent l'exclusivité dans l'appréciation des situations et dans l'intervention institutionnelle.

La monnaie en effet se pose comme un objet sur lequel l'Etat assure une présence pressante. En France, il a toujours eu le monopole de sa fabrication, et surtout,
désignant ce domaine comme une affaire compliquée, il affirme constituer la
seule voix autorisée en la matière. Cette omniprésence fournit un extraordinaire
champ d'observation. D'un côté, chaque comportement ou propos original s'oppose inévitablement à l'Etat et de l'autre, l'application par les populations de doctrines inadaptées donne des effets pervers ainsi que les économistes les appellent
eux mêmes. Le terme et les pratiques particulièrement significatifs réclament
donc un examen.

Pour occulter ces distorsions, les autorités politiques ou académiques n'évoquent
jamais les comportements des populations préférant se retrancher dans l'appréciation du seul "regard extérieur", le leur. Pour renverser la perspective, Il suffit
donc de nous attacher aux conduites vues "d'en bas" qui ne correspondent guère
à ce qu'il est convenu d'en dire. Loin d'être inévitable, automatique et rationnel,
l'usage de la monnaie résulte de choix et des groupes imaginent des modalités
tout à fait efficaces sinon pour s'en passer ou du moins pour réduire son rôle pratique et symbolique.

Pour rencontrer ces pratiques, il suffit de rompre avec l'échelle nationale ou encore plus précisément, de refuser de s'inscrire dans un espace posé a priori de l'extérieur. Nous laissant porter par l'enquête (et notre propre statut social et culturel)
nous nous inscrivons dans une zone limitée, les Landes de Gascogne, brisant par
là toute frontière administrative, l'Etat ou le département. Dès lors, en nous
situant dans une échelle restreinte nous ne pourrons collecter que des informations différentes.

Nous allons donc nous interroger sur les raisons qui écartent certains groupes de
l'utilisation assidue et conformiste de la monnaie nationale. Trois d'entre elles
nous semblent déterminantes.
1 - le rôle de la monnaie n'est pas celui que lui attribue habituellement les économistes et l'Etat.
2 - Des groupes peuvent s'organiser pour valoriser les relations personnelles plutôt que le froid calcul des échanges monétaires
3 - L'essentiel de la vie sociale et personnelle peut échapper à la monnaie.

I - La monnaie vue d'en bas:

L'examen des usages et des propos sur la monnaie révèle chez les usagers de singulières conceptions. Le simple fait de ne pas s'inscrire dans l'espace national et
d'écouter, non les voix autorisées réputées compétentes, mais les propos des utilisateurs, le "discours sauvage", fournit une image de la monnaie très différente
du modèle habituel.

La monnaie du peuple

Prenons à titre d'illustration, l'exemple du billon, ces pièces de bronze ou de cuivre de 10 ou 20 grammes (environ) utilisées jusqu'en 1940. Essayons de comprendre comment en 1896 un commissaire de police des chemins de fer de Bordeaux pouvait s'indigner du fait que des ouvriers d'une entreprise bordelaise acceptent de toucher leur salaire sous forme de pièces de monnaies espagnoles. Dans son rapport, il propose une raison: "*le personnel est forcé, sous peine d'être renvoyé d'accepter ce mode de paiement*". Pourtant, une grève survenue providentiellement l'année suivante dans cette même conserverie portait sur le montant des salaires non sur leur mode de paiement, preuve que cela ne gène guère les ouvrières. Elles acceptent ces pièces car, à leur tour, elles les utilisaient dans les transactions, l'achat de nourriture et de pain, principal poste de consommation de la classe ouvrière de l'époque. Il reste cependant à expliquer pourquoi ces "billons étrangers" constituent le principal instrument d'échange. Son rôle s'explique essentiellement par l'intériorisation de la théorie de la valeur réelle de la monnaie, le prix de son poids de métal détermine sa valeur. Les économistes l'écrivent, en tout cas pour l'or et l'argent et les classes dépendantes étendent se principe au bronze. Dès lors, comme cela a été le cas tout au long du XIXème siècle, que ces pièces soit étrangères ou même informes importe peu, pourvu qu'elles aient la taille et le poids adéquat: Le résultat? En 1896, à Bordeaux, 65 % de la petite monnaie était constituée par des pièces étrangères .

Ces conceptions singulières entraînent une série de conséquences. Ainsi, les populations ne font pas de différence entre le métal monétaire et le métal usuel. *Qu'i a pro untar har ua caudera*, (il y en a assez pour faire un chaudron) ai-je entendu dire dans les Landes à propos d'une masse de pièces de petite monnaie . De même, une enquête sur les causes de la pénurie de monnaie de billon en 1809, soulignait déjà que dans les Landes ces derniers "sont très rares" car ils sont utilisés "pour fabriquer des ustensiles de ménage" (Thuillier, 1983: 412-427). Ces comportement affirment que le seul poids de métal détermine le montant de la pièce et qu'en conséquence, on peut sans peine passer d'un objet à un autre. Cette attitude a deux conséquences. D'une part, elle légitime la fabrication des pièces par les faux monnayeurs et ceux furent particulièrement nombreux entre 1750 et 1850 (Traimond, 1994). D'autre part, cet usage des pièces démonétisées a pu durer jusqu'en 1940 et vraisemblablement la recherche par l'occupant du cuivre et du bronze a mis fin à son usage monétaire.

Ainsi, à l'encontre de l'espace national nous voyons se constituer des sous-ensembles dans lesquels circule de la monnaie non officielle dans lesquels l'Etat n'a aucune part, ce qui n'empêche pas le fonctionnement du système sur de longues périodes.

Disposant de cette conception de la monnaie, dans une situation de pénurie, les populations peuvent donc la fabriquer. En France, lors de chaque crise politique divers organismes ou groupements ont émis des monnaies de nécessité, sous la Révolution, en 1870, 1914, 1940 et 1968. La République espagnole a également vu se multiplier ces petites coupures lors de la guerre contre la rébellion franquiste sans oublier l'Allemagne et l'Autriche entre les deux guerres. Ne disposant plus de la petite monnaie nécessaire, les particuliers, les autorités administratives locales, des institutions politiques émettent localement des bons qui remplacent avantageusement la monnaie nationale. Les gouvernements s'en indignent mais chaque fois se révèlent incapables de résoudre le problème et de maintenir la fiction d'une nécessaire monnaie centralisée. Il mettent des mois voire des années à faire ce qui se réalise localement, l'émission de petites coupures pour les dépenses quotidiennes. Ainsi, sous la Révolution, à Bordeaux et dans bien d'autres villes, une caisse patriotique émettait des bons qu'elle échangeait contre des assignats qui n'ont été émis que fort tard sous un faible montant. En fait, cette émission avait été précédé par la mise en circulation par plusieurs cafés, cafés Necker, café de la Comédie ... de billets imprimés destinés à rendre la monnaie . Leur usages s'est étendu et cette monnaie "privée" circulait dans toute la ville pour payer de petites dépenses.

Ces quelques exemples montrent que les populations peuvent parfaitement, soit émettre leur propre monnaie, soit, utiliser un type de monnaie n'ayant pas nécessairement l'aval des autorités nationales.

Les obstacles à la circulation

Ces situations que seules des micro-observations permettent de constater, ne remontent jamais aux autorités nationales qui ne les voient pas, les nient ou au mieux, les négligent. Or elles disposent surtout dans ce domaine d'une telle autorité politique et idéologique qu'à son tour cette cécité descend presque jusque chez les utilisateurs. Ainsi, en 1896, quand un membre du Conseil Général avec la confirmation du Préfet, déclare que les monnaies utilisées sont étrangères, cela provoque la stupeur chez des élus qui peuvent pourtant le vérifier tous les jours. Peut-être, marque d'une époque ou d'un statut social ne font-ils pas leurs "courses" ? Cela les empêche de voir les conduites qui se déploient sous leurs yeux.

De même, l'enquête sur l'usage récent dans les campagnes landaises de billon démonétisé dont nous donnons le résultat s'est heurtée à de singulières amnésies. Ignoraient ces pratiques, certaines communes, les chefs-lieux de canton et, certaines personnes, les fonctionnaires. D'une part, en ces lieux et devant ces gens, il n'était pas question de payer avec de la monnaie non-officielle, mais, d'autre part, ces usages devaient être occultés pour nier l'échec du statut administratif d'un lieu ou d'une fonction, celui de chef lieu ou de fonctionnaire. Ces mêmes obstacles s'opposent d'ailleurs à l'usage du gascon qu'on ne parle qu'entre soi.

Vue d'en bas, la monnaie ne fonctionne pas comme on nous le dit. Par contre, même les usagers ne font pas ce qu'ils croient faire et ils pensent leurs pratiques selon les grilles de l'interprétation nationale. Cela leur interdit non seulement de comprendre mais même de voir ce qui se passe. Ils ne peuvent même pas transmettre vers le haut des informations sur la situation telle qu'elle se déroule à leur échelle. En cas de crise, les autorités nationales se trouvent alors devant deux obstacles, savoir ce qu'il se passe et concevoir une solution. Ces deux blocages les empêche de prendre les mesures nécessaires.

Ces espèces locales montrent que la monnaie ainsi que l'ont souvent constaté les ethnologues aux quatre coins du monde n'est pas homogène. A chaque type de transaction correspond un mode de paiement. Qu'on les appelle monnaies parallèles, multiples, souterraines, paleo-monnaies ... ces instruments d'échange signalent la présence d'autres relations avec la monnaie que celle qu'attendent et que croient voir les autorités politiques centrales.

II - Des relations non-monétaire:

En effet, au delà des nécessités, ces monnaies multiples reflètent une méfiance vis-à-vis du "froid calcul économique". En un mot, leur usage permet d'affirmer face aux échanges dits "rationnels", des relations personnelles voire de remplacer les uns par les autres. Examinons localement quelques unes de ces figures.

La fausse monnaie (Traimond, 1994):

Jusqu'au 19ème siècle, la multiplicité des pièces ayant cours légal, l'acceptation de toutes sortes d'espèces, la présence d'abondantes fausses monnaies rend les transactions délicates. Un paiement est toujours délicat et nul n'est assuré de sa qualité. Aussi, quand au marché de Tosse en 1824, Lartigau veut acheter du bois avec une quadruple de 80 francs il n'est accepté par Salvat Brutails de Soustons, la commune voisine, qu'à la condition qu'il la reprenne si elle se révèle mauvaise . En posant cette condition pour accepter cette pièce, il transforme un échange en relation personnelle, l'engagement de Lartigau de la rembourser si elle ne convenait pas. La parole de l'acheteur validait son moyen de paiement insuffisant à lui seul.

Cette utilisation contractuelle des pièces s'explique également par le recours massif à la fabrication de fausse-monnaie dans les campagnes. En effet, une multitude de plainte et procès révèlent que des artisans travaillant le métal, (forgerons, orfèvres) n'hésitaient pas à fabriquer et à écouler de fausses pièces. Leur savoir faire, l'anarchie monétaire régnante, la théorie de la valeur réelle de la monnaie leur accordaient l'autorité pour réaliser des délits qu'eux mêmes ne considéraient pas nécessairement comme des activités totalement condamnables.

La métayage:

Dans cette perspective, le métayage, forme de faire valoir presque exclusive dans cette zone, constitue un moyen d'exploitation qui évite les relations monétaires. En échange de l'usage de l'exploitation agricole, terres, bâtiment, matériel et souvent bétail, le métayer partage les récoltes et fournit du travail et des produits (chapons, poulets, oeufs) au propriétaire. La monnaie n'intervient pas mais le propriétaire disposait d'un certain droit de regard sur l'activité de son métayer, possibilité plus ou moins exercée. "Le propriétaire s'occupe de la direction générale, intervient pécuniairement dans les questions d'améliorations foncières ou culturales, dans les achats et les ventes ... Il donne des conseils à son métayer, et étudie à loisir les questions d'ordre économique: achats, débouchés, etc..., dont il fait bénéficier l'exploitant" (Rondeau, 1928: 53-54). Cette proclamation ne signifie pas que cela se passait ainsi, ni que ces pratiques ne servaient pas à accentuer l'exploitation, mais elles affirment bien l'importance des relations personnelles liées à l'absence de prestation monétaire.

L'omniprésence du métayage dans la zone considérée contribuait à dégager un lieu sans monnaie ou tout au moins celle-ci n'était pas indispensable. Pourtant la généralisation du travail salarié a mis à mal ce système dans sa pratique et ses représentations. Face à cela, les activités bénévoles se sont multipliées ou plutôt, des espaces d'exercice se sont constitués.

Il viennent des anciennes pratiques d'entraide particulièrement développées dans ces sociétés de voisinage. En effet, toute métairie (désigné ainsi quel que soit le statut de l'occupant éventuellement propriétaire ou fermier) ne fonctionnait qu'en osmose avec les exploitations environnantes. Ce phénomène déjà désigné sous le terme d'"*économie de sociabilité*" transforme tout travail en activité collective. Sous tous les prétextes les voisins doivent participer à telle ou telle réalisation. Proposons un catalogue:

       A - Echange de travail:

    1) Les récoltes:
          - le foin.
          - les vendanges.
          - le maïs.

2) Les rites de passages:
- baptêmes
- mariages.
- enterrements

B - Echanges de produits:

3) Les rituels annuels:
- tuaille du cochon
- dégustation des nouveaux produits, armagnac, vin, saucisses, graisserons ...
4) Les surplus:
- fruits
- légumes
- graines et boutures.

Lors de chacune de ces cérémonies le "premier voisin" s'empare de la maison et en organise de déroulement. De Pesquidoux a fort bien décrit le phénomène: "*Ils doivent être prêts à accourir à tout appel. Quelque chose qui arrive, ils sont présents avant tout le monde nuit et jour (....). Ils en acquièrent droit d'avis, d'intervention, de réprimande. Et cela à trait aux choses, aux bêtes, aux gens*" (Pesquidoux, 1925: 13). Ces relations permet d'éviter l'utilisation de la monnaie. S'ajoutant, au métayage, elles contribuaient largement à réduire la circulation de liquidités sous ses diverses formes.

III - Contre la monnaie:

On pourrait cependant considérer que cette attitude n'a pu que disparaître. En effet, le métayage et même l'agriculture n'est plus pratiquée et les salariés nécessairement payés en monnaie constituent l'essentiel de la population rurale. Même s'ils habitent dans les petites communes, ils vont travailler à la ville. Je voudrais essayer de montrer que contrairement à ce que l'on pourrait croire, malgré des revenus exclusivement monétaires l'hostilité aux relations marchandes se perpétue voire s'exacerbe. Les relations de voisinage et le travail bénévole prennent de nouvelles formes.

1 - Les associations:

Le développement des associations constaté dans la petite-bourgeoisie urbaine atteint également les campagnes. Les activités habituelles, comité pour les fêtes patronales, club sportifs, activités musicales ... se perpétuent, l'Etat oblige à la création de nouvelles, les chasseurs s'organisent en ACCA et depuis une trentaine d'années les femmes dirigent des associations mixtes que sont les clubs du troisième âge. Ces groupements réclament évidemment des activités bénévoles qui trouvent leur gratification dans une éventuelle influence politique mais surtout, elles occupent l'essentiel des colonnes des chroniques locales des quotidiens régionaux. Ces rubriques valorisent par le texte et l'image le travail gratuit et le dévouement envers la collectivité. Ces groupements reprennent bien des activités traditionnelles, les banquets et les voyages, mais surtout permettent l'expression de relations où les échanges monétaires ne s'expriment pas.

2 - Le travail collectif:

Dans ce cadre, se constituent des occasions, se conçoivent des opportunités prétexte à l'exercice de travail collectif et bénévole. Ainsi à Garein depuis 1985, l'association des associations organise des floralies où des horticulteurs vendent des fleurs à des visiteurs attirés par une exposition. Celle-ci résulte des efforts de plusieurs dizaines d'hommes qui se sont affairés, ont décuplés leurs savoirs faire, leur imagination, leur créativité durant un mois afin de présenter des fleurs et des massifs particulièrement harmonieux. Leur seule gratification, outre la fierté d'avoir effectué une réalisation qui suscite l'admiration générale, réside dans le fait qu'ils ont travaillé ensemble, sans autorité, mangeant souvent entre hommes et surtout, buvant à volonté. Ainsi se nouent des relations qui occultent partiellement les antagonismes habituels, qui atténuent les conflits de classe pour valoriser les dons en travail en faveur de la collectivité, même si certains savent en profiter davantage que d'autres. Nous voyons ainsi un exemple où les individus s'expriment et travaillent ensemble, gratuitement, pour le prestige de leur commune et le plaisir de se retrouver ensemble.

Ce cas particulièrement spectaculaire ne fait que présenter de façon exacerbée des tendances partout perceptibles. Le simple accompagnateur d'une équipe de football de quatrième série ne donne son temps qu'en raison de son amour du sport qu'il a souvent pratiqué jeune, et de son intérêt pour la chose publique, à savoir le prestige de sa commune. Jamais il ne pourra ni ne voudra utiliser l'autorité ainsi acquise dans le domaine politique (il ne se présente pas aux élections municipales) ou dans le domaine économique (ancien salarié et bien souvent retraité) il ne recherche pas des clients.

L'ampleur de ce désintéressement laisse cette société souvent désarmée devant des entreprises mercantiles. Ce travail bénévole bénéficie parfois à des commerçants qui en profitent pour vendre leurs produits ou de façon plus subtile pour renconter des clients. De même, certains bénévoles transforment le prestige ainsi acquis en voix aux élections. Il n'est pas certain que ces projets puissent s'affirmer sur une longue période et bien souvent des néo-ruraux n'ont pas trouvé la récompense électorale attendue correspondant à leur efforts.

3 - la consommation collective:

Ces activités bénévoles s'organisent bien souvent autour de banquets qu'organise chaque association. A cette occasion, se déploient des consommations (relativement) somptuaires au moins dans le domaine de l'abondance. Les mets et surtout le vin abondamment offerts témoignent du montant de la richesse accumulée par le travail bénévole des membres.

Quelques cas encore limités devraient se développer encore davantage. Des volontaires s'accordent pour élever un cochon selon les normes locales (nourriture chaude, engraissement durant presque un an ..). Sa mort donne à l'association qui l'organise prétexte à une fête comme autrefois entre voisins. On prépare les plats traditionnels (sauce de chichons), on retrouve les gestes pour saigner, découper, préparer, conserver. On un mot la vie associative permet de perpétuer les formes des relations de voisinage. Une telle démarche a été relevée à Bayonne (quartier de Polo Beyris) en 1986, à Audignon (Chalosse) en 1990 ou à Garein depuis 1996.

Conclusion:

De multiples informations révèlent deux types de conduites: d'une part, l'établissement de relations distantes avec la monnaie nationale et d'autre part, la mise en place de situations qui permettent de se passer de monnaie et en dernier lieu, la valorisation des activités bénévoles et gratuites. Ces comportements montrent qu'au creux des représentation officielles de la vie sociale se déploient d'autre manières de vivre et de faire, en rupture radicale avec les conduites et les valeurs affirmées par les discours dominants. Contre la monnaie de l'Etat, la société poursuit dans la discrétion ses propres modes de fonctionnement.

Bernard Traimond
Centre d'Etudes et de Recherches Ethnologiques
Université Victor Segalen Bordeaux 2

Ouvrages et articles utilisés

BONNAIN, Rolande. 1981, «Une économie de sociabilité: entraide, échanges et relations de voisinage dans un village pyrénéen», dans CHIVA, I et GOY, J. *Les Baronnies des Pyrénées*, Paris: Editions de Ecole des Sciences Sociales.
DE PESQUIDOUX, Joseph. 1925, *Le livre de raison*, Paris: Plon.
DROIT, Roger-Pol. 1992, *Comment penser l'argent?*, Paris: :Le Monde éditions.
DUPUY, Francis. 1990, *Le pin de la discorde. Les rapports de métayage dans la Grande-Lande*, Thèse E.H.E.S.S.
FORNIER DE VIOLET, Robert.1927, *Jacquerie ...? ou évolution économique ...? Le Sud-Ouest de la Gascogne en 1920*, Paris: Jouve et Cie.
GEERTZ, Clifford. 1972, «La religion comme système culturel», BRADBURY, R.E., GEERTZ, C, SPIRO, M.E. ... 1972, *Essais d'anthropologie religieuse*, Paris: Gallimard, Les Essais.
LABADIE, Ernest.1914, *Les billets de confiance émis par les caisses patriotiques du Département de la Gironde (1791-1793)*, Paris.
RONDEAU, Jean. 1928, *L'agriculture en Chalosse*, Paris: Jouve.
SANTACREU SOLER, José-Maria.1986, *La crisis monetaria espanola de 1937, Moneda y municipios en la provincia de Alicante durante la guerra civil espanola*, Alicante: Universidad de Alicante.
SERVET, Jean-Michel. 1984, *Numismata. Etat et origine de la monnaie*, Lyon: Presses Universitaires de Lyon. 195 p.
THUILLIER, Guy.1983, *La monnaie en France au début du 19ème siècle*, Genève: Droz.
TRAIMOND, Bernard. 1988, «L'empire du billon», *Cahiers monnaie et financement*, n°18, décembre.
        1992, *Ethnologie historique des pratiques monétaires dans les Landes de Gascogne*, Thèse, Université de Paris I.
        1994, «La fausse monnaie au village. Les Landes au XVIII et XIXème siècles», *Terrain*, n°23, octobre.

Numéro spéciaux de revues

L'argent, *Communications*, 50, 1989.
Les usages de l'argent, *Terrain*, n° 23, octobre 1994.

L'Autorite Mandenka
Accomplissement de l'Homme
et parachèvement du Monde

PROLOGUE

Le nom autochtone de ce lieu
Mont de l'Autorité
Mont d'Autorité
Ce sont trois noms
le premier nom :
« Renoncer au doux breuvage du sein de la mère
Pour franchir l'océan de l' onde amère
L'autre nom :
Vider la case de la Mère
Pour traquer la savane hagarde de la virilté
Le troisième nom :
S'établir en la Demeure d'Autorité
Et se tenir soi-même
Le fondement de son patronyme :
L'établissement en la demeure d'Autorité et virilité
Sont un
Virilité et force d'autorité sur soi-même
Sont un
Force d'autorité sur soi et Silamu Fango

Le sabre tranchant
Sont un
L'oeuvre du Salaami Fango :
Trancher les attachements d'amour
Trancher les attachements de haine
Trancher Lôndbalya Dibi ni Fili Dibi
De la Nuée d' Inconnaissance et Lal Nuée d'Erreur
Pour ouvrir Jeerije Nya
L'Oeil de la contemplation
Trancher les entraves de Sebaliya l'Impuissance
Trancher les entraves Sébabagaya ou la Dominance
Décharger le fardeau Jonnya ou la servitude
Décharger les Marigiya ou L'Asservissement
Ce fardeau qu'on dépose au champ d'autorité
C'est la charge de ton nom
C'est toi-même
Tu déposes ce fardeau
Tu te libères de toi-même
Rendant le Fuuli feng le Dépot
Au Dépositaire
Alors sachez qu'au champ d'Autorité
Rien ni Personne
Et personne ne gagne rien
Il n'y a rien ici
Il n'y a personne ici
Et Mara Kêna ne peut être comble
Mara Kena ne peut être vide
A cause de cela les connaissants le nomment
Yelen Folon Dabali
L'Abîme de Lumière sans Borne
Fuu Faa Fuu
L'Ineffable Exterminateur et Générateur des ineffables
Arbre du changement et de la métamorphose du monde
Et qui n'est pas soumis à la germination et au changement
Ni au bourgeonnement ni à la fructification
Qui germe en tout ce qui germe
Qui gourgeonne en tout ce qui bourgeonne
Et fructifie en tout ce qui fructifie
L'audient qui a entendu ces paroles par le coeur
Qui en a été tout entier pénétré
Celui-là a pris la voie (sila)
Délivré des entraves du désir de l'existence
Délivré des entraves de la crainte de l'inexistence

Dessaisi de toutes choses
Dépossédé de toutes possessions
Libéré des moyens et du but
Il entrera dans le champ d'Autorité
Il sera Seigneur du Trône d'Autorité
Marasigi Maarigi

Enfance d'autorité

Ainsi parla Saraba Camara le vieux Le Maître de la lance de connaissance , et la lumière de guidance des masques des ancêtres de Bagnomba. Ce que le Djeli Mahan Djébahatè, Maître des Paroles très Anciennes de Kidougou confirme en peu de mots:

Marigiya ni jonnya me tala
Marigiya Marigiya
Fang Marigiya

seigneurie, seigneurie
Toute seigneurie est assujettissement de soi
Servitude, servitude
Toute servitude est soumission à soi

Toute autorité exercée sur soi-même par soi-même. Elle est nécessairement ser-vitude. Autorité signifie maîtrise. Or cette maîtrise de soit s'acquiert à l'occasion de la servitude à laquelle le jeune Mandenka est soumis lors de l'épreuve de la circoncision. Sooma ni Seema, «le Mage et le Maître de la Puissance» qui conduit les jeunes gens à travers les eaux amères de l'épreuve de l'autorité, doit les faire passer de leur état intermédiaire de fauve - humain (Solimaa) soumis aux servi-tudes des besoins de réplétion et du désir de jouissance, à l'égalité dans le champ d'autorité. Pour cela, il doit purifier (sanunya) leur corps de ses purulences, du désir et de la corruption,   leurs paroles et leurs actes des obstacles de l'affection et de l'hostilité, de la vanité de l'obséquiosité, de sorte que ne faisant d'ombre au soleil de Mahambaz l'Aïeul Très Ancien, ils peuvent être discriminés. Tel est l'ef-fet champ d'autorité. Ici toutes choses accèdent à l'égalité d'insignifiance: éga-lité de l'esclave du maître . Car les maîtres sont arrivés ici par le sentier de la ser-vitude et les esclaves par le sentier de la seigneurie: chacun d'eux a du déposer la charge du nom et de la réputation pour marcher sans encombre. Aussi l'enfant humain, assimilé à l'esclave de la chair fauve , pétrie d'impatience, d'inquiétu-de et de violence, doit supporter l'autorité extérieure du Sooma ni Seema, subir d'abord les milles vexations et brimades des aînés afin que du grain du « Dépôt» gise en eux la pousse, enfonçant la racine profonde de l'autorité en son coeur.

Le Mage et le Maître de la Puissance, au champ d'autorité domptera les jeunes
« fauves humains » (Solima) par l'épreuve de la blessure. Ainsi ils apprendront
que la traversée de l'existence se fait à travers d' inéluctables ruptures et déchi-
rures dont la première et le passage de l'ère féminine de jouissance à l'avènement de l'empire masculin de maîtrise. Il les soumettra donc d'abord à l'épreuve du couteau dans la chair vive de l'intimité. Assumée, cette expérience doit
faire de l'être encore imbibé des eaux de la naissance (jitô) et débordant d 'émotions, l'être contenu et retenu, qui réalise *jija* ou l'assèchement des purulences,
l'iradication de la virulence et l'apaisement des violences et leurs débordements
d'humeurs. Ils en porteront la marque et le nom: *Kê Nya Wulen,* Mâles aux Yeux
Rouges.

Waamô les temps des grandes eaux ou l'absence d'autorité

Mais avant d'accéder à cet état, le jeune caravanier de l'existence doit encore parcourir des étapes et d'autres épreuves qui jallonnent le longue marche de l'autorité.
 D'abord vient la rupture avec le sein maternel, figure de la vie de jouissance. En
cette ère toute famine, toute soif, a peine ressenties, sont aussitôt comblées par la
réplétion. La conscience n'a pas le temps de se former dans un monde ; toute
faille à peine ouverte est aussitôt colmatée; toute vacuité a peine soupçonnée
dehors est aussitôt comblée par les empressements de l'affection et les précipitations de la crainte.Dans l'univers des «grandes eaux maternelles» (*Jiba*) le «moi»
et le «toi» à peine émergés de la stupeur de l'enfantement, sont submergés par la
houle des satisfactions et des soins. C'est l'ère du songe d'existence dans la som-
nolence de la conscience et l'évanescence des phénomènes; le temps des mirages
d'invulnérabilité et d'infinitude dans la précarité de l'existence. Ce mensonge de
jouissance ne peut durer et le premier soleil amer de l'éveil illumine déjà l'horizon de l'enfance. A vouloir étancher ce désert de sables caniculaires qu'est le
besoin d'existence de l'enfant la mère s'épuise. En tétant, l'enfant qui prend bien
vite goût aux soins divers qui accompagnent la tétée, passe du besoin   de réplétion limité, aux saveurs infinies des plaisirs de la vie. C'est le début de la faille,
le commencement de la discordance dans l'univers maternel. Discordance qui
appelle et conditionne l'assèchement des eaux émotionnelles qui inondaient l'enfant et la mère et la fondaient. Bientôt appelée à d'autres tâches, la mère soup-
çonne les pleurs qui surviennent après la tétée d'être des artifices pour prolonger l'adhésion chaleureuse des corps . Mais si ce soupçon ne lui donne l'occasion de prendre quelque distance , il ne lui en donne pas la force de supporter sans
se troubler les cris de l'enfants. Car l'appel de son l'enfant trouble profondément
la mère: il flatte son propre désir d'adhésion et fait sourdre en son âme l'onde des
insatisfactions anciennes. La nécessité d'autorité, à peine apparue est aussitôt
compromise par la contagion qui est le propre des affections: contagion de l'af-

fection de l'enfant qui a perdu l'innocence et l'indolence du sommeil qui venait toujours après la réplétion au profit des subtiles sensations qui naissent du contact des corps; contagion de l'affection de la mère qui prodigue a travers ses attentions, ses soins, ses caresses , à l'ophéline qu'elle fût. Désir de mère et désir d'enfant s'appellent et se répondent en amont et aval du présent pour venir s'y mêler et s'y confondre. Ainsi s'établit les liens de complicité et d'intimité des altérités diffuses. L'enfant de cette ère là est un être «imbibé d'eaux» *Jitô*; il risque n'être que remous dans les eaux de naissance. Il risque de demeurer en partance. Car si un peu d'eau est nécessaire à la germination, beaucoup fait pourrir la jeune pousse de vie. Ce pourrissement est entretenu par la complicité de la tyrannie infantile et de la servitude maternelle ; cette complicité établit le règne du « temps sans autorité », *Marabaliya Tumô*, le règne de la charge toujours recommencée des pulsions et impulsions qui font céder le barrage des résolutions. Ici personne ne peut porter ni déposer le fardeau de sa propre existence. Ni l'enfant ni la mère. Or celui qui ne peut supporter son propre fardeau, celui-là ne peut exercer d'autorité sur personne: par-dessus sa charge, le monde entier se reposera sur sa tête.

Baaja, le temps des basses eaux ou la puissance paternelle

Ayant lâché prise sur elle-même, la mère lâche la bride aux démons d'enfance. Mais on ne peut se laisser aller longtemps et les nécessités de la vie sociale vous arrêtent bientôt. Sollicitée par une exigence supérieure la mère va abandonner régulièrement l'enfant pour le lit conjugal. C'est le temps pour la mère «d'ôter le sein à la bouche de l'enfant» avant de repasser sous *Kêla Mara*, «la puissance conjugale», suspendue pendant toute la période maternelle. La Puissance de l'époux et du père vient tarir l'onde des pleurs et faire refluer la montée des eaux des émotionnelles. Voici venu les temps de la sècheresse: *Baaja* ou les étiages succèdent aux temps des hautes eaux des jouissances maternelles. L'enfant va connaître une ascèse d'autant plus rude que la luxure de l'état précédent était excessive. En effet cette période de Baaja tombe comme une sanction. Pour dissuader l'enfant, la mère badigeonne ses seins de boue d'argile; en séchant, la glèbe craquelée leur donne l'aspect de la chair lézardée par quelque horrible maladie. Si l'enfant ne cède pas sous l'effet de l'effroi, elle humecte ses tétons du jus de piment ; la brûlure viendra à bout de l'entêtement. Cette sanction pour manque d'autorité vient punir tous ceux qui n'ont pas pu préserver et faire croître le Dépôt d'autorité que le Grand Aïeul confie à chacun au seuil de la traversée de l'existence. Or pour préserver et faire croître le Dépôt il faut que se réalise le concours et l'alliance des dépôts individuels.

Ce sont les effets conjugués de ces dépôts qui font mûrir les êtres enfants ; affermir les parents dans l'assurance et l'affermissement de sagesse, et au couchant du soleil d'existence, fixer les veillards dans la quiétude et la sérénité de la contemplation. Aussi l'enfantement est pour les Mandenka un moment critique dans la traversée de l'existence: enfanter c'est survire à sa propre mort: «laisser quelqu'un derrière soi» avant de rebrousser chemin. Mais enfanter, c'est entrer dans le temps du soucis et de l'épreuve: la mise en cause du dépôt d'autorité confié aux parents que nous devenons par l'affection excessive qui nous lie aux enfants qui nous viennent. De cette épreuve dépendra la défense de notre demeure la charge des malheurs et les périls qui hantent ce monde. Pour garantir la demeure, où nous accueillons ces jeunes étrangers, il faut que les hôtes que nous sommes acquièrent une maîtrise d'un esprit que ne troublent ni imaginations inquiètes de la rupture, ni fantasmagories de la mort; une fermeté d'un coeur, que n'ébranlent dans son équanimité, ni les hurlements du malheur, ni les clameurs du bonheur qui font les destins.L'enfantement est la voie d'entrée dans la voie de cette assurance, de cette maîtrise et de cette équanimité.C'est l'épreuve de maturité qui s'ouvrira qui entraîne la fortune pour certains et l'infortune pour d'autres. Dans l'esprit des Mandenka, ces fortunes et infortunes se reproduiront de génération en génération, selon la loi du destin. Car nos enfants hériterons des effets de nos vertus et de nos servitudes, de nos grandeurs et de nos défaillances; et leurs enfants hériterons d'eux. Ansi de suite , en une spirale sans fin. A moins que nous sortions, que profitant du sentier incertain de la fortune, nous nous engagions fermement et définitivement sur la grand chemin des assurances de l'Autorité .

Marasilo tagama ou le parcours du sentier d'autorité

En effet l'enfantement, constitue l'épreuve de l'accomplissement d'Autorité. C'est le temps des attachements charnels mais aussi des ruptures des liens de la chair. C'est le temps de l'enveloppement des pagnes de l'affection, mais les temps des guenilles du dépouillement, après la rupture: le temps du sevrage ; le temps des enfances orphelines et des mères séparées. Pour surmonter cette rupture et la convertir en une délivrance, ceux qui s'aiment, sans oubli et sans obsession du passé, devront cheminer séparément , toutes plaintes contenues, toutes compassions tues, en solitude et en silence. C'est ainsi que l'on préserve et fait croître en nous et hors de nous , le long des pistes de la traversée de l'existence, le dépôt d'autorité. C'est la vertu de Fuulimara: l'Autorité qui dissipe les brumes de l'âme nostalgique des mirages de l'existence. Ainsi commence l'accomplissement qui doit conduire le nouvel itinérant à l'état de *Marasilo Tagamala* «Celui qui parcourt le chemin d'Autorité». Chemin qui conduit l'état à celui de Marasigi *Marigi*, «Seigneur siège sur le trône d'Autorité». Le chemin sera long et l'issue incertaine. L'enfant en est encore au franchissement de la première rupture: la séparation de la mère.

Après la fusion et confusion avec la corps de la mère, l'enfant des jouissances de l'adhésion est devenu l'enfant séparé des inquiétudes de la séparation. Tout le jour, était porté bien haut, au-dessus des dangers de la terre, sur le dos de la mère.

A présent, il connaît la descente sur terre, l'épreuve de la rigueurs et des rugosités, les achoppements et les meurtrissures de la terre. Mais l'angoisse qui résulte de cette situation nouvelle est bientôt convertie dans les actions d'exploration d'un monde extérieur sans doute plus ample mais dont les frontières et les protections sont perceptibles, sont parfaitement inamovibles et sûres: les murs et le toit de la demeure maternelle garantissent la sécurité du nouvel aventurier. Il s'y attache, s'y enferme, ombrageux. Mais la case maternelle s'ouvre par deux portes qui bientôt attirent son attention et hante sa pensée: l'une est la porte d'intériorité qui mène à l'espace clos, le lieu privé où la mère se réfugie périodiquement pour la toilette et le bain *Nyêgên da* ou «porte du lieu d'intimité» la petite porte qui conduit à un réduit de confinement de l'aire lunaire où l'enfant et la mère s'enfermaient seuls, occupés de soins intimes, à l'exclusion de toute personne; l'autre est la porte qui ouvre sur l'étendue extérieure, d'où fuse la lumière resplendissante du jour des accomplissements: *Kênêmada*. C'est la grande porte. Elle ouvre le champ des confrontations et des accomplissements où «chacun doit faire son soleil » dit le Maître «avant que le monde ne fasse feu de votre existence».

Ces deux portes figurent les deux tendances antagonistes qui exercent leurs influences contraires sur l'enfant à cet instant de sa traversée de son existence: à peine détaché de la mère, il est tenté de la suivre par les pas, le regard ou la pensée lorsqu'elle s'éloigne par «la petite porte du lieu d'intimité»; s'il n'arrache de son coeur la racine de cette tentation, elle fera de lui au temps de la gloire des accomplissements héroïques, l'homme de la fuite et des dissimulations. Franchissant en perpétuel clandestin les terres de maturité il traversera en déroute les champs de l'épreuve. Hanté par la pensée de «la sagaie dans le dos » (*kôôfê tanbô*), il avancera en regardant derrière lui. Il ne connaîtra jamais *Wakali*: l'apaisement du coeur qui a pris la résolution de tout risquer en s'engageant dans l'inévitable champs de tous les dangers: l'accomplissement. Son coeur connaît les tourments, les tourments de la chair, l'huile bouillante. Il est *Yilan Yilan Nio* « âme (prise dans) les ébulitions » de l'angoisse du flagrant délit d'indiscrétion et de désertion pour une cause inavouable .

L'enfant dont la pensée ne résiste pas à la tentation de suivre la femme qui est sortie par la petite porte de l'intimité court le risque de vivre par procuration à travers l'imagination du corps absent de l'autre. Drame fantasmagorique de l'échec d'un sujet qui s'enlise dans l'illusion de la résurrection de la mère perdue et de l'occultation magique de son propre orphelinat, poursuivant un songe émergeant aux frontières mouvantes de la séparation d'existence et de la confu

sion de jouissance. L'enfant s'étiole sous l'effet de Sedé: dépérissement lent du corps et extinction progressive de la lueur de l'âme d'un être demeuré en partance .

S'il renonce à la femme qui s'est égarée par la petite porte intérieure et qu'il s'engage résolument par la porte de l'Etendue extérieure, une nouvelle époque commence pour lui: l'ère de l'expansion villageoise qui annonce les aventures du lointain.

Le village n'est cependant séparé du «Lointain» que par une haie (*sansang*) ouverte à maints endroits sur la perspective infinie de l'éloignement: une fois franchie cette fragile frontière, les gens du village connaissent l'incertitude, l'inquiétude qui naissent de l'éloignement: source des apparitions soudaines, des disparitions mystérieuses, des sentiments inconnus, des métamorphoses inouïes, univers de fluctuations sans origine localisable ni fin décelable, atmosphère où l'esprit est enclin aux absences et désertions. Alors appelé à pénétrer en ces contrées l'homme nouveau doit «asseoir fermement son esprit» en sa demeure corporelle, retenir ses épanchements, colmater les voies d'eau de ses épanchements, se recueillir afin de «donner fondement» stable à ce monde de fluctuation : c'est ce que les Maîtres de Sentiers appellent *Gundankôtôsigi* «donner fondement à la savane», c'est à dire l'observer, le contempler attentivement, conservant calme et vigilance en toutes circonstances afin de connaître la constitution de ce monde fluctuant, changeant et versatile. Alors le nouvel homme, par l'autorité exercée sur ses sens, ses émotions et ses pensées, parvient à vider le lointain de tous ses mirages, vide l'étendue. Il découvre la vacuité. Car la nature des fauves et les dangers qu'ils figurent sont les effets des désertions de son esprit. S'il maîtrise son esprit , alors il peut saisir tous serpents de la brousse, leur serrer le coup jusqu'au seuil de l'étouffement, puis le relâcher, les ayant rendu inoffensifs. Il est devenu *Kunkumaa*.

Mais avant de devenir maître , il devra être initié à la vie de la savane par l'épreuve du fer: la circoncision. Après avoir connu l'empire des *Jankurang*, masques initiatiques dont le seul nom fait frémir les non-initiés, et dont les râles funèbres jettent leurs souffles sur le village perdu dans la nuit la terreur ,après soufferts milles soifs et famines, après les multiples brimades des aînés initiés, les prétendants à la «Sortie» dans la savane dits *Kênênding* ou «Enfants de la Clairière», vont subir la douleur de la blessure vive au plus intime de leur corps, sans broncher. Alors s'élève dans la brousse ce chant

Jan bilakoro tê kêbalen sô subu
-Wo sôrôn i la
Londo ba nassé :
N kôtôkê hên subo
-Subo kunaman

Les enfants d'ici n'offrent la chair qu'aux hommes accomplis:

- Dévore-la
Le jour vient (ils l'on s'écrient)
« Mon mâle aîné :Prends la chair »
La chair est amère

Car ce jour d'épreuve , on offre à ceux qui viennent subir la blessure du fer dans l'intime chair du sexe, un grand plat de viande qu'ils devront se gaver. Or ce jour-là la chair de jouissance et la chair de la blessure saignent du même sang et sont également écoeurantes, que toute chair est chair et que la chaire est source de souffrance et de plaisir, de vie et de mort; que pour s'évader de ce cercle infernal, il faut renoncer à la chair fauve du gibier et de la femme. Pour y parvenir, il faut avoir dominé son être et l'avoir épuré des épanchements des purulences et de la chair: il faut avoir « séché son eau » *(Jija)*. Ayant évacué et rendu au monde ce par quoi le monde l'inondait, il accède à l'autorité lui-même, étape préalable avant de prétendre s'imposer aux autres et de commander aux événements.

Alors seulement on peut rentrer au village, y être accueilli en tant que du genre «autochtone» ayant parcouru la première étape du chemin des épreuves d'autorité qui court tout le long de l'existence, traçant la voie du destin. Jusque là le jeune garçon n'avait pas d'existence légitime au village. Il vivait en clandestin toléré, comme un petit fauve orphelin recueilli par les villageois. A présent, il a perdu la voracité aveugle du fauve et il a acquis la sagacité de l'humain qui discerne le mal dans le désir de « tirer de toute chose sa jouissance *(Ka ko bê diya bô)*:

Linding liiba
Lio bê ye di
Libara kanjang man nyin
Wolé ma yé di

Petit miel grand miel
Tout miel est jouissance
La gourde de miel au long col est Douleur
C'est cela la jouissance

Ce qui traduit l'idée déjà évoquée que tout épanchement de la chair est provoqué par le désir d'extraction de quelque jouissance (petit miel ou grand). Et le corps, « la gourde au long col »,qui contient la douceur du miel est aussi récipient de l'amertume du mal. C'est ce corps troublé des douceurs maliques qu'il faut vider des purulences de la jouissance et des purulences de la douleurs et de la corruption, afin d'y recueillir l'onde d'autorité en toute sa maturité: Cette onde les

Maîtres des sentiers en parlent comme :Marajio manô ou « Splendeurs d'onde d'Autorité » ou Mansaya Ji Kôtôba, «l'Onde Très Ancienne de la Seigneurie» Donc vider la gourde charnelle au long col de purulences et la virulence de désir de sur-jouissance qui aggravent les corruptions et les douleurs de l'existence soumet l'esprit aux attachements «C'est cela la jouissance».

Ainsi conclut le chant : cet état est aussi état de jouissance: non pas de la jouissance que l'on tire des choses, mais la jouissance due à la fermeté et la poigne qu'on exerce sur soi confronté aux fantasmagories des sens et aux inconstances de la pensée, à la nature primesautière de l'esprit ; bref, il s'agit cette fois de l'aisance de l'action, la grâce du repos, l'apaisement et la tranquillité de qui doué d'autorité: *Maramaa*. De cet homme-là on dit en guise de louanges

Il ne court devant rient,
Rien ne court devant lui
Toute peur se calme

Il ne court après rien,
Rien ne court après lui
Toute convoitise s'arrête

Rien ne le pourchasse,
Il ne pourchasse rien
Toute colère s'éteint.

On le voit: Mara est l'entrée dans la voie de la concordance avec les mouvements et le rythme des temps, les accidents des lieux et les fluctuations des phénomènes, afin de réduire la contrariété, l'adversité et l'affrontement dont résulte la douleur, tensions extrêmes des cordes de la vie; accord qu'il faut tenir, des temps amères de touffeur, à la limpide clarté de l'étoile de rosée scintillant au creux de la feuille matinale, avec constance; du ciel des nues immobiles à la chute diluvienne des grains célestes pour garder, avec contenance; du temps des égarements des débordements de la joie à l'heure du confinement de la douleur, avec équanimité; afin d'éviter les déperditions de l'ambroisie d'autorité. Voilà la disposition du cheminant qui parcourt le sentier d'autorité. Il va défaisant la chaîne des craintes toujours paralysantes, éventant les complots de la douleur toujours rancunière, prévenant les trahisons de la pensées toujours transfuge, la fumée la des passions toujours incendiaires, évitant la trappe des craintes captives, rompant avant le moi souvent vénal toujours enclin; laissant le l'onde vive de son âme ruisseler en murmurant doucement dans le sillon de la venue et du rebroussement, ignorant le débordement des crues passionnelles et les étiages de l'austérité.

Latent ou patent *Mara* est une puissance spirituelle fondant toutes choses; elle est l'efficace de tout acte moral et de toute action matérielle. Quand elle se manifeste chez un être, cette autorité-là l'habite comme les braises attisent les souffles de l'existence les cendre du corps, le revêt l'enveloppe d'une gloire ineffable comme le sommet des monts dans la lumière de l'aube s'impose d'elle même aux autres sans contrainte, séduction ou subterfuge. Elle s'exerce indépendamment des voeux et des désirs du sujet . Mais Mara ou la gloire d'autorité qui croît jusqu'au zénith y demeure jusqu'au terme de l'existence de *Manama*, l'homme maître de soi. Celui reste *Manamaa*, glorieux jusqu'à ce que *mana* la flamme de gloire s'évade de son corps fané avec le dernier souffle pour allez réfugier en *Ningi Nango* reptile arc-en-ciel irradié de puissance qui s'arc-boute au couve la terme au moment de la naissance d'un nouveau *Manamaa*. La chanson de Saanê Balama le Héros des légendes de Gambie :

« Le jour où Saanê Balaama allait naître
« Le ciel s'obscurcit
« l'arc en ciel s'arc-bouta,
« La pluie ne tomba pas,
« le soleil ne brilla pas .

Parfois elle se manifeste après s'être annoncé :

La légende de Sory Kandara Camara le cavalier et *gwadaa*, le serpent tueur de cavalier, illustre ce moment. Un devin prédit à Solontênên Musa qu'il aurait trois fils et que l'un d'eux serait un homme doué d'autorité. Une sorte d'ordalie révéla que ce serait Sory le benjamin, contrariant   Solontênên Musa qui nourrissait des ambitions pour son fils aîné Namundujan. Enfin une épreuve , l'épreuve d'autorité vint confirmer et garantir ce destin héroïque, l'épreuve de la saisie du serpent vif. Celui qui conte cette histoire est le dernier fils vivant de Kandara la Chevalier, grand père de l'auteur

« ....Vint le temps de la conscription
Je ne sais de quelle guerre il s'agit
La guerre de « 14 - 18 »
Peut-être une guerre plus ancienne
En ce temps chaque famille devait donner obligatoirement un fils
On délibéra
On pensa que Namudujan devait partir
Il est le fils aîné
Mais Namudujan en tant que fils aîné devait prendre en charge la famille en cas de défaillance du père
On pensa à Naamujan le cadet

Mais les épreuves viriles incombent d'abord à l'aîné avant le cadet

Sauf cas d'incapacité
L'affaire devint difficile
Car Namudujan et Nansadi ne voulaient pas partir
C'est alors que Sory vint
Il dit voilà :
Que mes deux aînés demeurent ici
C'est moi qui partirai
-Quoi , toi le benjamin tu partirais cependant que tes aînés resteraient ?
Toi tu ne partiras pas
Tu es trop jeune
- Moi je partirai !
- Tu n'iras pas, tu es trop jeune !
- Assez de tergiversations je partirai parce que précisément je suis le plus jeune
C'est à moi de partir
Naamudujan doit hériter des charges de mon père qui est atteint par la vieilles-
se
C'est lui qui rendra la place de mon père
Mon aîné Nansadi est plus vigoureux que moi
Le travail qu'il peut abattre dans les champs dépasse mes forces
Il peut apporter dans la maison plus de nourritures que je peux produire
Moi, je n'ai pas sa force
 Si je pars, ce sera pour moi un soulagement......
Si je demeure, je ne peux accomplir les travaux de Nansadi dans les champs
 Je ne pourrai pas remplir les devoirs de Naamudujan
Je suis tout désigné pour partir
Voilà comme il partit comme conscription
Pendant qu'il était au « service » ,il partageait tout ce qu'il gagnait avec ses
frères demeurés au village
Pour aider la famille
Un jour il s'en alla consulter un homme de savoir
- Je suis au service,
Je vais montant et descendant sans cesse
Sans connaissance des choses d'en haut
Sans connaissance des choses d'en bas
On ne peut demeurer ainsi dans l'incertitude
Aussi je suis venu à toi afin que tu contemple mon devenir au service
Sera-t-il bénéfique pour moi
Sera-t-il maléfique pour moi
Voila ce que je veux savoir
Car la situation est incertaine
On ne peut demeurer sans assurance
En ce temps-là l'homme de savoir ne mentait pas
Si tu es homme de savoir

Que prédire à quelqu'un quelque événement
Celui-ci attendra de vérifier la prédiction
Si ta prédiction n'est pas vérifiée
L 'Homme viendra déposer ta tête à côté de ton fondement
Sache ce que « Poser la tête de quelqu'un à côté de son fondement »
C'est le décatissez
Alors le gens de savoir parlaient en vérité
L'homme de savoir entra en retraite méditative
Il y demeura trois jours
Après les trois jours Sory vint consulter l'homme de savoir :
-J'ai accompli la contemplation
Voila ce que j'ai vu :
- Oui!
- Ton « service »se passera sans danger pour toi
Mais pour qu'il en soit en ainsi
Tu dois faire un sadaka, un rite prophylactique
Ce sadaka exige un serpent vivant
- Quoi un serpent vivant ?
- Un serpent vivant !
- Quelle espèce de Serpent ?
- Gwadaa !
- Gwadaa vif !
Si tu te procures Gbadaa
Que tu poses ta main dessus en guise d'acte propitiatoire
Tu sortira sauf de la guerre
Si tu ne réalises pas cela
Je ne vois pas d'issue favorable issue à ton affaire
- Gbadaa vif ?
- Gbadaa vif !
Gbadaa , je ne sais comment le nommer en Français
Mais je peux en donner une description(tôômasere)
Gwadaa est ce qu'on appelle « Tombeur des cavalier »
Ce serpent grimpe dans les arbres surplombant le sentier des cavalier
Il s'enroule autour d'une branche, et il avance la tête au dessus de la voie
C'est pour se protéger à la fois de Gbadaa et du soleil
Que les Anciens se couvraient de libidi, la coiffe de vannerie
 C'est ainsi qu'ils se protégeaient
Car ce serpent ne piquait point les pieds
Il piquait les gens au sommet de la tête
Du haut de sa monture, le cavalier s'effondrait à terre
Le nom de ce serpent est Gbadaa
On l'appelle »le tombeur des cavaliers » (1)
Et d'où sort ce Gwadaa

Il sort du fond de la termitière
Sory rassembla les jeunes garçons du village
Il leur présenta une grande quantité de petits cauris en guise de rétribution
Tu sais que les cauris servaient de monnaie dans les temps anciens
Il leur dit
Chaque matin allez parcourir la savane autour du village
Si voyez Gbadaa
Venez me le signaler
Ces petits cauris seront votre rétribution
Tous les matins les enfants sortirent comme d'habitude pour aller chasser le margouillat dans les broussailles
Quand ils en trouvaient un
Il le faisaient griller et le mangeaient
Un jour alors que le soleil émergeant atteignait Walaha
Walaha c'est le moment où lel soleil est à mi-parcours entre l'aube et le Zénith
A cette période matinale
Le soleil n'a pas encore parvenu en toute sa splendeur
Il n'a pas encore atteint sa pleine incandescence
C'est à ce moment que Gwadaa sort pour s'étendre sur la termitière pour dissiper les frissons de froid
Entre Huit heures et dix heures *
Il sort du trou et pose sa tête au sommet de la termitière pour se réchauffer
C'est ainsi qu'un matin les enfants le découvrirent sur la termitière
L'ayant vu ils coururent chez Sory
-N Fa Sory , nous sommes venus à toi comme convenu
Nous avons trouvé Gbadaa
- Vous l'avez trouvé ?
- Nous l'avons trouvé !
- Cela est concordant
Mais où l'avez vous trouvé ?

Les enfants le conduisirent sur les lieux où ils virent le serpent
Le jour précédent avant hier nous sommes passés par ici
Le serpent était là
Nous avons laissé passer un jour
Nous sommes revenus ce matin
Le serpent était là
Tu peux revenir demain ou après demain
Tu trouveras le serpent ici
Car ceci est sa demeure
Sory examina la terre autour de la termitière
Il constata les traces du serpent partout
-Cela est concordant conclut-il

Il donna les petits cauris aux enfants
Le lendemain
Au moment de Walaha
Il vint dans la savane
Il trouva sur le serpent étendu sur la termitière
Il déposa doucement son fusil
Il défit les guêtres que les soldat bandent leur mollet
Il en fit un bandage autour de son bras (droit)
Debout derrière le serpent
Il s'avança doucement
Doucement
Le serpent demeurait sans pensée d'inquiétude
Il s'avança à pas de félin
Et soudain Tchan ! Il saisit le serpent par le cou
Il tira à lui
Le serpent s'enroula aussitôt autour de son bras
Contourna le cou et enlaçant le bras gauche de sa queue
Assainis chargé Sory se dirigea vers la demeure l'homme de savoir
Tout au long du chemin les gens s'amassait pour le voir
Mais dès qu'il approchait, ils s'enfuyaient, effrayés
Personne ne demeurait ferme devant lui
Tous s'enfuyaient
Lorsqu'il parvint à porte de l'homme de savoir
Celui - ci bondit par la «porte de l'intimité »
-Kaari fit Sory !
Cela ne convient pas
Si tu fais un pas de plus , je te décharge de ta tête !
C'est toi qui ma recommandé de t'apporter le serpent vif
Afin de que je pose la main dessus
Et que tu consacres cette communion
Tu ne peux t'enfuir avant d'avoir accompli la consécration
-Reviens ici !
- Si tu ne détournes la tête du serpent de ma direction
Je ne rentrerai pas ! répliqua l'autre
Sory détourna la tête du serpent
L'homme de savoir rentra dans la case
Il prit la main gauche de Sory sur la tête du serpent
Il posa sa main sur la main de Sory
Il murmura kirisi la parole de consécration
- Eh bien fit Sory
Tu as porté le serpent à la consécration (i bara saa lase)
Que vais-je en faire à présent ?
- Là où tu l'as pris, c'est là que tu vas le déposer

- Quoi le déposer ?
- Vas le déposer là où tu l'as pris !
Si tu le tues, tu mourras au service militaire
Mais si tu le déposes sain et sauf là où tu l'as pris, tu mourras dans ton lit, à ton heure
Tu reviendras de la conscription, sain et sauf
Tu t'éteindras dans ton lit
-Cela est concordant répondit Sory
Il rebroussa chemin
Lorsqu'il fut parvenu à la termitière il serrait assez fort le cou du serpent
Il serra encore plus fort
Il serra si fort que Gbadaa était au bord de l'étranglement
A bout de souffle le serpent se déroula, laissa tomber son corps de tout son long
Alors de sa main gauche il saisit la queue de Gbadaa
Il l'introduisit dans un trou de la termitière
Puis il introduisit sa tête dans un autre trou de la termitière
Enfin lâcha prise
Il se retira non loin de là pour observer Gbadaa
Voulant s'assurant que le serpent était vif ou mort
Il attendit deux minutes, trois minutes quatre minutes, jusqu'à cinq minutes
Le serpent commença à s'étirer doucement
Il s'enfonça dans le trou du côté de la tête
Lorsque Gbadaa eut disparu Sory rebroussa chemin.

C'est ainsi que s'ouvre devant les héros le chemin de l'accomplissement dans le champ d'autorité. L'incandescence de gloire (Darajo Yelen Nyagalen) qui en résulte peut durer l'instant d'une éclair, et s'assombrir définitivement pour cause d'orgueil d'iniquité de vénalité ou de quelque défaillance du sujet qui en fut invevesti. Tout le reste de son existence , il portera la mélancolie. Elle peut durer toute la vie. Alors le héros investi porte le nom Manamaa Ni Maratigo:«Maître d'Autorité et Homme de Gloire ».

En elle-même Mara l'autorité est hors de toute atteinte, éclipse, ou extinction. Elle se manifeste ou s'offusque en la personne selon la vertu de celle-ci. Lorsqu'elle se manifeste sa gloire, elle ne peut être l'objet de constestation ou de protestation. Là où elle rayonne, irradiant l'être jusqu'aux frontières de son jidang et bien au-delà, elle se répand partout dans un champ ouvert d'assentiment comme fleuve frayant les voies de l'écoulement dans la plaine alluvionnaire. De toute les facultés manifestées par l'être humain, Mara est la plus éminente, la plus secrètement gardée, réservée. De Maramaa la personne ayant la grâce irradiante de l'autorité, Mara émane comme fluide qui diffuse dans le milieu, dissolvant instantanément toute résistance tout obstacle: c'est Marajiô Onde d'Autorité qui jaillit de la personne comme un puits artésien avec une puissance plus ou moins grande selon le moment propice et la réserve d'énergie potentielle contenue par le «barrage de silence». Au moment propice et dans le lieu des concordances favorables, l'onde d'Autorité qui réverbère la lumière de la révélation primordiale dans l'étang de l'âme, illuminant la face de Manama , entrant et sortie avec le souffle de vie, fécondant la terre des corps en attente d'humidité. Elle constitue ainsi la puissance d'émergence et de germination de croissance, de maintien et de décroissance des choses, soumettant ce monde des apparitions à l'évanouissement d'où procèdent de nouvelles naissances.

Or les Maîtres de Sentiers de la traversée du Monde parlent aussi de Fôlô Fôlô Mara Sêmbê: Moelle de l'Autorité Primordiale; entendez la Puissance de l'Autorité Primordialede toutes les formes. C'est l'efficace de tous les mouvements, cause efficace de tous les effets.

On s'aperçoit ainsi que Mara est de nature divine. Et Mahamba est la figure divine manifestée dans les temps primordiaux sous les espèces de l'Homme-Pithon qui s'évanouit dans le Marais de l'Aube des temps, et dont les souffles humides en leur évection puissante donnèrent naissance à Ningi Ningo le Python mythique se révèle à la face du monde sous la forme de l'Arc-En-Ciel et se réfugie dans le puit des eaux primordiales. Lorsqu'il prend corps d'apparence et qu'il se révèle ainsi à un être humain, il annonce événement fatal ou la fortune. C'est donc par excès de langage de vanité que l'on attribue l'autorité à l'être humain, créature qui n'en n'est que la voie d'expression virtuelle, occasionnelle; car tout ce monde est expression singulière des souffles de Mahamba. C'est ce qui explique les prodiges des mages et les machinations savantes: L'esprit démiurgique de l'Aïeul Très Ancien soufflant au coeur de l'homme animant ses mains se révèle sous les espèces de Dabari génie manipulateur, provocateur et fauteur de bouleversement. C'est ce Dabari également en oeuvre dans les deux voies de la magie et de technologie, qui agit part effraction des choses, par blessure et l'immobilisation du vif et par suggestion de l'âme. Dabari n'est pas en lui-même d'efficace. Bien qu'il implique la volonté humaine de tirer de toutes choses quelque jouissance ou pouvoir -jouissance de toutes les jouissances - ombre dansante prolongeant l'ascension de l'arbre dans le miroir l'onde. Comme cette ombre-là Dabari est à la fois la déviation et l'effet de déviation de la l'autorité divine au soleil de l'existence. La volonté humaine de manipulation s'insinue dans le procès de l'existence à cet instant critique de la conversion du possible en effectif .*(Citation de champ de vie semence de paroles).

Or c'est précisément le moment où l'existence peut être compromise par falsification, et le mouvement de la création s'inverser. Et l'homme en son attentat au pouvoir de l'Aïeul Très ancien, sans le savoir, ne fait que précipiter sa fin , ébranlant son propre support. Car Mara dont il tente de tirer subrepticement quelque profit, quelque pouvoir ou quelque jouissance est la puissance inaliénable de

Mahamba; soufflant dans l'océan du temps où les générations humaines sont les
écumes à la crête des lame périodique. Alors aucun effet de crête, peut aller
contre le fond puissant de la lame; l'écume qui s'élève trop est aussitôt précipi-
tée dans le creux comme prise de vertige de l'extrême évection. Car Mahamba est
l'unique et suprême autorité qui commande à l'océan des temps et des événements et détournements multiples se parent des titres diversement usurpés «autorités» politiques, religieuses ou savantes. Il est la lumière de réverbération et de
flamboiement de l'océan universel et chaque être qui paraît en absorbe, chaque
phénomène qui se produit , chaque acte qui s'accomplit en absorbe et réfléchit
quelque scintillement subtile, instantané.

Dans les choses, il est puissance de paraître et puissance d'attraction du regard,
de transparence;dans l'âme, de vision compatissante. Mais pour que le grain
d'autorité puisse produire le scintillement dans les âmes en mal d'individuation
et répondre ainsi à l'apparition des choses dans une réflexion sans distorsion, il
faut que l'étang de l'âme devienne en sa pureté, onde de recueillement et quiétude. Alors à lumière universelle, les mille luminaires des choses et des êtres réa-
lisent en toute harmonie la présence immédiate et pourtant inéffable de l'Aïeul
Très Ancien: l'efficace des actes humains en est le témoin tardif et l'effet acces-
soire.

Et dans la lumière de cette présence de l'Aïeul d'Autorité, Mara Mahanba, toutes
choses figures, toutes faces individuelles pâlissantes, semblent briller, pâlir,
s'évanouir infiniment sans jamais s'éteindre définitivement, chacune accédant
momentanément à une singularité qui laisse transparaître, dans émergence fugi-
tive, l'essence commune de ce qui tout ce paraît et qui pourvoit à sa la succession
des disparus, perpétuant le mouvement d'émergence , de perte de résurgence ,
qui caractérise les flots de la génération. Dans cette   perspective-là Mara
Mankang « la voix de l'Autorité » est houle naissante ou mourante à la surface
de l'océan des paroles, un souffle dans précurseur de la pression ou de la dépression de l'atmosphère océane. Sa puissance de conviction procède de son caractère véridique et sa vérité signifie son ouverture à tout l'univers des paroles sans
exclusion aucune, sa nature compréhensive, son aptitude à l'harmonie

Dire: « femme je t'aime , mais j'ai horreur de ton enfant chétif » : cela est mensonge, proclame l'adage mandenka. Le mensonge introduit la séparation, rupture
et l'exclusion dans un monde solidaire en tous ses moments et en toutes ses parties. Il ne peut accéder à la puissance infinie , incontestable, irrésistible de la parole la parole véridique . Il est par essence ,diviseur , antagoniste et polémique, pro-
vocant la formation de camps pour engager le combat dans l'un contre l'autre,
jouant toujours, des séductions de la corruption, des menaces de la violence, pour
retrouver l'un par l'absorption de l'autre. Et cet agrégat érigé par la force ou par
l'illusion s'effondrera sous l'effet d'une violence encore pluddestructrice ou

d'une illusion encore plus trompeuse , car violence et illusion et violence n'ont de limite ni parpar le haut ni par le bas. La voix de l'Autorité est jeu d'harmonie des individualités probables. Elle est l'expression la clarté lunaire de l'âme (*Nitôkoï*), exposée à l'incandescence solaire de la race de l'Aïeul d'Autorité; effet d'un miroir sans étamage, réfléchissant tout à fois la gloire des âstres du ciel et projetant en sa limpidité sans fond, l'ombre des êtres de la terre. Elle est onde de recueillement, offrant hospitalité aux choses éparpillées par le temps transfuge des précipitations; elle est nommée *jigiya dalo* «Etang d'hospitalité».

Mais l'éclat de la réverbération, la distinction des ombres et la justesse et la pacifique occupation du même fond par ces phénomènes opposés, sans occultation, tout cela dépend du calme et de la quiétude, de la limpidité de l'onde de réflexion qu'est l'âme de l'homme.

De là découle l'efficace de l'Autorité lorsqu'elle se manifeste dans la parole ou dans l'action d'un même. C'est dire que cette force ne manifeste pas tout son effet en toute personne à tout moment. Pour qu'elle se manifeste dans ses splendeurs il faut que le sujet soit apte à la décantation de l'étang de l'âme en son fond, à la réalisation de la planéité en sa surface en bref, restituer à sa nature équanimité, équité, l'éclat, limpidité; toutes choses nécessaires à l'équilibre des reflets et des ombres l'harmonie alternative de l'apparition et de l'occultation. C'est en cette disposition de préservation vigilante d'un sujet veillant à la dissipation des troubles de l'âme provoquées par les clameurs et les sollicitations extérieures, qui se manifeste en son corps par quelque marque, qui donne à sa vision la limpidité, à son acte, l'efficace, à sa présence le poids. C'est ce qui fait d'un telle personne, le lieu momentané ou durable de la manifestation de l'Autorité, dépôt que Mahamba a confié à la garde de chaque caravanier comme viatique pour ses traversées de l'existence. La restitution de ce dépôt est plus moins efficace selon la justesse de *miira* la pensée, la pureté ou l'impureté de l'intention (*waninké*), la nature passionnelle (*jussu*)ou compatissante (*hinnô*) de l'acte, autant de motifs qui animent l'itinérant sur les traces ineffables de Mahamba. Aussi l'autorité qui émane d'un être , doué de la densité du silence, de la fécondité de la parole, de la force du propos, de l'adresse du geste, de les enchantements de la voix, ou de quelque autre grâce, peut n'être qu'un feu de paille ou devenir un flambeau selon l'usage qu'il en en fait. Le sage n'en fait rien en ce monde pour ce monde, hors le dessein d'éclairer sa voie dans la pénombre d'existence portant la lumière de guidance, évitant à ses compagnons, achoppements, errements, meurtrissures et blessures. En lui même Mara demeure préservé de l'usure, du troc , des malversations qui résultent des défaillances du caravanier de l'existence et que suscitent sans cesse les marchés du monde.

Pour accéder à la Maîtrise de Sentier, il faut donc faire place nette en son âme à l'éclat d'autorité , désencombrer le coeur; pour cela il faut avoir dompté sa personne, l'avoir déliée de la liane des possessions toujours dépossédantes, des volontés de sujétion inéluctablement captives et des saveurs de la jouissance fatalement maliques. Pour devenir maître de son sentier l'itinérant doit éviter donc la dilatation de l'outre du moi aux oasis de la piste des sables, aspirer à la vacuité intérieure, libre tout engagement inspiré par quelque gain, vaquer au monde sans dévolu sur le monde, traverser les étalages de ce marché fabuleux sans brigue ni brigandage; écarter de son coeur le péril des pensées possédantes et la compromission des actes possessionnels; décanter de l'étang de l'âme du trouble des préoccupations en suspens, vider son coeur des désirs d'éclat qui font ombre aux compagnons de traversée. Pour être le maître véritable de sentier, il faut s'être délié de soi-même, c'est à dire des noms, renoms, renommées qui et nous tiennent en dette avec le monde et grèvent d'hypothèques l'édifice d'autorité afin asseoir fermement son esprit sur siège en toute quiétude en la demeure d'autorité. Bref le cheminant doit parer aux vertiges et pressions caniculaires de la famine existentielle et ses clameurs étourdissantes, afin que la brise fluviale de l'apaisement du coeur et du contentement évente le coeur. Mais la brise souffle rarement sur le sentier des humains hantés par la quête du nom «La lumière de guidance des maîtres de sentier» du Pays de Nyokolon Djali Mandjan Danfaga chantait :

C'est le nom est le tourmente tous les hommes
C'est le nom qui est la cause de la souffrance des hommes

C'est en se dépouillant de ce fardeau que le caravanier du monde peut préserver tout au long du chemin, le dépôt d'autorité qui lui fut confié par Mahamba avant le départ de la caravane des existences. Cette constante aspiration à la vacuité prépare l'itinérant à faire de soi un passage, une voix libre pour l'éclat d'autorité qui fraie tous les chemins du monde. Car le caravanier de l'existence est lui même le commencement et la fin de la voie, celle dont naissent les grands chemins et celle vers laquelle ils affluent et confluent à l'instant ultime. Cheminant au dehors les sentiers encombrés de la vie les itinérants cheminent au dedans d'eux-mêmes la voie du destin. Si cette voie-là n'est pas maintenue constamment libre , à force de vigilance, de tous guet-apens, embuscades, brigues et brigandages et leurs inquiétudes le souffles d'autorité s'y engouffrant dévaste les lieux comme tornades en saison pluvieuse, emportent le chaume des chaumières. Ils engendrent meurtrissures et blessures du corps, amertume et regret dans l'âme , délire et confusion de l'esprit .

Mais lorsque, à force d'envies renoncées, d'amertumes bues, de souffrance endurées le cheminant entre enfin dans cette disposition n'éprouvant aucune crainte, car dépouillé de tout, même de lui-même, qu'il a accédé à la clairvoyance qui dissipe les ombres de la nuit et les mirages du désert, alors le monde devient champ de révélation et le coeur, onde de vision : le chemin et le cheminant se

dévoilent l'un à l'autre, se reconnaissent l'un dans l'autre comme onde et lumière de la manifestation dont s'enfantent et meurent l'univers des apparentions et
des occultations , grâce dont s'illuminent regard constant du contemplatif et les
choses évanescentes de la contemplation. Apparition évanescente et métamorphoses des choses, contemplation vigilante et stabilité de l'esprit sont deux
moments inséparables de l'Autorité. Mara est semeur universel qui sème au vent
des temps les germes des mondes: il en contient le développement en deçà de tout
excès; il en préserve les récoltes au-delà de toutes les prédations.

Sory Diara dit Gambango le Jeune Maître de Sentier de Kédougou me conta une
nuit ce récit :

Naamu naamula
Aujourd'hui n'a pas créé le monde
Aujourd'hui n'épuise pas le monde
En de Foulou Faala

Karifô le dépôt est un acte grave
Le jour de l'avènement de Karifô
C'est ce jour-là que je vais te conter
Conter l'avènement de Karifô et qui ce qui advint à la suite de cela
Après quoi, nous irons nous coucher
Car la terre est partagée entre règne des ombres de la nuit et la gloire du soleil
A ce moment là vivaient la Vielle Femme et le Vieil Homme
La Vieille Femme
Blancs Kaa kaa kaa !
Etaient ses cheveux
Le Vieil Homme avaient lui aussi les cheveux blancs comme coton
Ces deux-là demeuraient sur le Mont
Dans l'ombre dense de Bantimba le Grand Fromager
Ils étaient misérables,
Ils n'avaient pas compagnons
Et vivaient sans enfants
Ils étaient seuls
C'est ainsi qu'ils subsistaient
Lorsque la Grande Oiselle vint
Fiii....taafu ! fit-il en se posant sur l'arbre
- Dans quel état vivez-vous fit-il, avec compassion ?
- C'est l'oeuvre d'Allah ! répondirent ils
- Les gens d'aujourd'hui, reprit-il, n'ont pas le soucis restituer la louche au pot
N'était-ce cela je vous aurais délivré de la misère
- Aide - nous et sois en certain
Nous saurons reconnaître ta bonne action aussi longtemps que nous vivrons

Nous restituerons la louche au pot
Et nous recouvrirons le récipient par dessus le marcher
- Qu'il en soit ainsi conclut le Grand Oiseau
Elle cria
Il cria
Il cria
La vielle femme chenue et desséchée»
Celle-là devint aussitôt une « poitrine pleine » palpitante de santé
Se levant, elle dansa *jansa*
La danse des événements heureux
La grande Oiselle cria
Elle cria
Elle cria
Soudain le vieil homme qui allait tremblant et fourbu
Se redressa,   léger et vif
La Grande Oiselle cria
Elle cria
Elle cria
Une grande cité apparu autour d'eux
La cité fut aussi peuplé d'hommes et de bêtes domestiques
Autour de la cité champs et savanes s'étendirent au loin
Un pays apparut dont le vieil homme métamorphosé fut le roi
Ce fut
Lorsque cela fut
La femme mit au monde une nombreuse progéniture
Lorsque la famille royale fut fondée
La Grande Oiselle se mit à pondre
Elle pondit quatre oeufs
Elle les déposa dans l'arbre
A ces gens auxquels il avait donné jouvence fortune et royauté
Il laissa ses oeufs en dépôt
Elle leur dit :
Je vais traverser le monde pour aller me faire tresser les cheveux
Très loin d'ici
A... Dakar !
Je laisse mes oeufs ici en dépôt sous votre garde
- Qu'il en soit ainsi !
Alors la Grande Oiselle s'envola
Elle partit
Pendant son absence, arriva la saison pluvieuse
Le vent fit tomber un oeuf
Ils prirent l'oeuf et le firent cuire pour leurs enfants
L'un d'entre eux

Le benjamin,
Ayant connu la saveur de l'oeuf
Fut pris d'avidité
Se réveillant le lendemain
Cet enfant gâté
Ignorant la bride et la mesure
Cet enfant gâté sans égards
Eh bien cet enfant s'en alla crier à la porte de son père :
- Père, l'oeuf de l'Oiselle, l'oeuf de la Grande Oiselle !
Or l'homme se souvint bien que les oeufs étaient le dépôt par la Grande oiselle
Leur salvatrice à tous
Il se rappela de quelle misère celle-ci les avait tirés
La corde de sa pensée s'allongeait
Pendant qu'il s'éloignait au fil de sa mémoire
L'enfant hurla !
- Père, l'oeuf ,du Grand Oiseau
Cédant aux cris de l'enfant le père appela Nyarinding le petit chat
-Nyaau ! répondit le petit chat
-Grimpe dans l'arbre et fit descendre un oeuf
Nganyaama nganyaama, le petit chat grimpa dans l'arbre
Il goba un oeuf et il en rapporta un
On le fit cuire et l'offrit à l'enfant
Il n'en restait plus qu'un seul
Le jour suivant à l'aube l'enfant s'en alla hurla à la porte son père
- Père l'oeuf de l'Oiselle, l'oeuf de la Grande Oiselle !
- Grimpe Niarinding et rapporte un oeuf ! dit le père
Le petit chat grimpa et rapporta le dernier oeuf
On le fit cuire et l'offrit à l'enfant
C'est alors que le roi fut prit d'inquiétude

« Qui dira donc à la Grande Oiselle ce qui est arrivé
« A celle qui par la grâce d'Allah fit acte de compassion en notre faveur ?
« Qui pourra dire le malheur qui est arrivé ?
« Qui ira lui annoncer que je n'ai pas pu préserver le dépôt ?

-L'Oiseau Kuman répondit
La rupture de la confiance qui fonde le dépôt est chose grave
Mais le message de trahison ne peut demeurer sans messager
Moi j'irai porter le message !
Tibanding, la tourterelle répondit : j'irai porter le message
Dondongo, le coq répondit : j'irai porter le message
Bassi kandè , le vif margouillat répondit : j'irai porter le message
- Nous irons donc tous ensemble , firent-ils

Ils s'envolèrent s'en allèrent se poser sur la place publique de Dakar
Kuman chanta :

- Kuman Dando
Kuman dando
Kuman dando
Le Grand Oiseau qui déposa ses oeufs sur les rivages de Djaliba
Djaliba dont le Roi a pour nom Soumanwouri
De Soumanwouri l'enfant a dit :
  Ô père les oeufs de la Grande Oiselle sont finis !

Le coq poursuivit:
Kankankaare kaliJuwaari
Rupture de serment
Faire des enfants de l'un la nourriture des enfants de l'autre !

Tibandingo La tourterelle:
Dugutu dêgêtê
Dugutu dêgêtê
Dugu, la terre brisée , retournera à son enfance

Basi kandê :
Le jour où il viendra
Tintan bêku
Il n'aura point ruiné cette terre !
Tintan Bêku
Le jour où il viendra
Tintan bêku
Il n'aura pas brisé cette terre !
Tintan bêku

Entendant cela le Grand Oiseau se dit :
Ces messages me sont adressés !
Il s'approcha
Les messagers lui annoncèrent :
« La louche n'a pas été rapportée au pot
« Le dépôt ne fut pas préservé »
« La confiance a été détruite
-Est-ce là ce qu'ils ont agi ? interrogea le Grand Oiseau
-Oui c'est cela qu'ils ont agit , confirma Kuman
-C'est bien ! conclut l'Oiseau
Il chargea ses messager sur son dot et prit son vol
Il prit de la vitesse

-Naamu naamula
-Oui !
-Je déteste le mensonge !
Depuis ce jour , jusqu'à nos jours
Nul être n'atteint une vitesse aussi grande
C'est en voulant simuler le Grand Oiseau en vol que les Blancs inventèrent
l'avion.
Mais ils ne purent atteindre sa vitesse
Ils sont restés dans le mensonge de l'imitation
Car vois-tu
Moi Sory Ganbango,
je déteste le mensonge
J'ai contemplé ce spectacle
J'étais alors dans la vivacité de l'âge juvénile
Et voilà ce que vis :
La Grand Oiseau vint se posa sur le Grand Fromager
Fiii....taafu
Kuman chanta :
Kuman Dando
Kuman dando
Kuman dando
Au Grand Oiseau qui déposa ses oeufs sur l'autre rive de Djaliba
Djaliba dont le roi a pour nom Soumanwouri
« De Soumanwouri l'enfant a dit :
« Ô père les oeufs du Grand Oiseau sont finis !
Le coq poursuivit
« Kankankaare kaliJuwaari, Rupture de serment
« Faire des enfants de l'un   la nourriture des enfants de l'autre !
Tinbandingo La tourterelle :
« Dugutu dêkêtê
« Dugutu dêkêtê
« Dugu la terre à peine édifiée retournera à son état originel
Basi kandê conclut:
« O mère !
« Le voici revenu
« Tintan bêku
« Le voici revenu en toute puissance de cause
« Tintan bêku
« Il va ruiner cette terre
« Tintan bêku
« Il va briser cette terre
C'est bien conclut le Grand Oiseau :
- Toutes choses sont accomplies
Il fit mander tous les anciens

Devant l'assemblée il interrogea le roi
-Qu'as-tu fait de mes oeufs ?
- Le roi répondit
Un jour de saison pluvieuse
Le vent fit tomber un oeuf
On le donna l'enfant
L'enfant en connut la saveur
Il finit les oeufs
- je vous l'avais prédit
Vous êtes incapables de retourner la louche au pot
Voici le pot (l'arbre du dépôt)
Il n'y a point de louche (oeufs)
D'un coup d'aile Le Grand Oiseau s'éleva jusqu'au cristal céleste
Lorsqu'il y disparut
Il cria
Il cria
Il cria
Le cité fut anéantie avec tous ses habitants
Les champs et la savane aux alentours disparurent
Lorsqu'elle réapparut
Il cria
Il cria
Elle cria
Toute la terre s'effondra

Naamu naamula !
Naamu !
-Voila pourquoi les anciens affirment que le dépôt est chose grave
Si tu détiens un dépôt
Que le danger menace
Abandonne ton bien pour préserver le dépôt
Tu auras fait acte de sagesse !

Si moi je ne vous avais conté cela, l'auriez-vous su ?
- Nous ne l'aurions pas su !
- Eh bien j'ai vu celà
- Tu as contemplé la vision !

Ce mythe commence après une période critique du destin de l'homme. Sur le
Plateau Cosmique de Foulou Faalaa champ de résurgences perpétuelles des
contes légendes et paroles anciennes, la terre immergé par l'onde , émergea des

brumes , se raffermit puis étendit sous le regard des héros contemplatifs primordiaux à qui l'Aïeul . En cet Eden apparut le verger des arbres aux fruits d'or. Au cour de verger apparut l'Etang des pierres de lumière. Les héros activistes arrachèrent aux arbres les fruits d'or et les ténèbres, pillèrent l'étang et les ténèbres envahit le verger. Un autre verger apparut, ce fut le verger des arbres chargés des fleurs de la connaissance. Réveillée de sa stupeur, la génération humaine se rua vers ce nouvel Eden. Mahamba, voulant prévenir un nouveau désastre précéda sa descendance. Il dévora les fleurs de la connaissance. D'abord, il connut l'écoeurement. Ensuite la chute sous l'arbre défleuri. Puis il devint froid. C'est ainsi que la mort advint sur la terre. Les personnages miséreux du mythe conté par Sory Diara sont les avatars de Mahamba. L'état du vieil homme et la vieille femme du mythe avant l'arrivée du grand oiseau sont les avatars (yèlèman) de Mahamba. Ils sont victimes de la déperdition de la puissance de germination de floraison de fructification de l'Autorité de Mahamba. Faute d'avoir de n'a voir pas préservé, et conservé ce trésor, la génération humaine fut soumise à la condition précaire des naissances individuelles, des mort séparées (kiling kiling taga) perpétuellement recommencées. Bref elle fut caractérisée par le corruption. C'est dans cet état que se trouve le couple au début du mythe; c'est à cette condition qu'ils retrouvent à la fin.

Pour survivre à cette damnation, la génération humaine n'a pas d'autre ressource que de se fonder sur l'espérance, la providence la compassion de l'Aïeul. Source de compassion avec tous les êtres d'apparition et d'autorité qui commande aux événements, et que les gens de la connaissance nomment

Kilinnya Mahan Mara Mahan ni Hinno Mahan
Mahan de la Solitude
Mahan de l'Autorité
et Mahan de la compassion

Il intervient ici dans le destin du couple primitif sous les espèces du Grand Oiseau. Etant faite de compassion, elle prend pitié de la misère existentielle des humains primordiaux, vieillis, corrompus par le temps et les actes subsistances qui ne laissent point de répit , les pensées de convoitise et les intentions de la conquête aux effets dissipateurs . Ce sont ces actes de transactions mondaines qui ternissent la gloire d'autorité qui leur est confiée en dépôt. Alors dans son éclat stellaire, ils l'ont troquée contre la conquête du monde au cours de leur jouvence et en leur maturité. Ils l'ont épuisée. Arrivés au seuil critique de la sénescence, l'homme et la femme sont incapables de restituer à la compassion universelle le dépôt qui leur est confié à l'aube de leur conception. C'est ce que rappelle en une phrase l'Oiseau démiurge.

Les gens d'aujourd'hui sont incapables de retourner la cuillère dans le pot

N'était-ce cela je vous aurais tiré de là

sans fins les êtres humains sortent de la misère de leur état de corps périssables
et déjà décrépis desséchés, accèdent à la royauté et la jouvence

Alors quelle est la nature et l'origine de cette autorité ? Mara ou l'Autorité
mandenka est la volonté et la force d'assujettissement des instants sauvages du
félin humain solimaa avec le rythme des temps et la vacuité l'étendue que
déploie à l'infinie la puissance de L'Aïeul Très Ancien Mahanba   Kôrôtôbali
Maarigi Ni Maratigi ,
« Grand Mobile de Patience Infinie
Et Seigneur et Maître d'Autorité »

C'est une puissance de nature spirituelle qui se manifeste et s'impose à l'homme
qui l'exerce et aux sujets qui l'attestent, sans force de contrainte, ni artifice de
séduction, sans habilité ni subterfuge moyen. Elle est don en elle même et par elle
même hors de toute mise en question, de toute mise en cause et de toute contestation. Là où elle est en oeuvre, elle s'écoule dans le lit de l'assentiment comme
fleuve frayant sa voie d'écoulement la plaine alluvionnaire. Mara chez l'homme
est le dépôt cristallin de cette puissance dans la gangue humaine. Du coeur de
l'homme qui fonde sa propre gangue, elle diffuse telle un fluide irrésistible, dans
l'environnement, dissolvant instantanément toutes les résistances et tous les obstacles. Elle est alors nommé Marajio Maana.

Splendeur de l'onde d'autorité. Elle purifie la pensée, illumine la parole, donne
aux actes l'aisance fécondante de l'efficace. Là jaillit l'onde d'autorité, elle arro-
se une terre altérée , en attente d'humidité pour manifester sa fertilité. Puissance
d'émergence et force de maintient des choses érigées dans les champs de l'existence, Mara aussi d'inclination et de chute et d'extinction qui libère les êtres de
l'évection incendiaire. Les Mandenka parlent aussi de Marasêmbê :Moelle de
toutes les calcifications et de toutes formations ossifiées des développements
matériels : comme la moelle, l'efficace de l'Autorité humaine dépend de la contenance dépositaire: contenance-continence qui préserve l'autorité confinée des
déperditions de l'orgueil et de la vanité, des vils marchandages des et désirs mon-
dains. Car c'est par excès de langage et par induisante de pensée que l'on parle
de l'autorité d'un homme qui n'en est que le lieu de transit. Mahanba seul est
l'unique autorité dont émanent tous les actes existentiels qui produisent leurs
effets. Ultime autorité dont les autorités dans leur multiples espèces sont les
détournements : autorité politiques, scientifiques religieuses etc.

Cette source d'incandescence et de splendeur sème des étincelles dans tous les
êtres et toutes les choses. Elle est en oeuvre dans les choses manifestant la puis-

sance du paraître, la force d'attraction du regard; dans l'âme, elle agit pour réaliser vision et contemplation. Mais pour que l'incandescence du grain de vision soit préservée dans le monde sans perte ni distorsion, que l'esprit au scintillements des choses, il faut que l'étang de l'âme devienne onde recueillement de sérénité et limidité sans troubles. Alors dans de l'étendue sans tache et sans borne, la vacuité des choses réalise l'ineffable présence immédiate de l'Aïeul. Alors la parole, vive et translucide, dit les choses à la fois dans leur diversité apparente sans voiler leur essence commune.Dans cette perspective véridique la parole est essentiellement ouverte sur toutes les paroles, sans opposition de sens ni contradiction. Toute parole est ouverte sur le monde à l'image de l'étang de reflexion ouverte sur le les astres du ciel et sur les végétations de la terre. Mais la claire justesse des reflets dans l'onde illuminée dépend du calme et de l'intimité de l'étang de reflexion. La restitution des reflets d'autorité par l'esprit humain est plus ou moins parfaite selon l'état d'apaisement de l'onde des âmes. L'autorité d'essence divine , en dépôt en tous humains, ne produit pas tous ses effets chez tous les dépositaires. Il faut la capacité de contenir l'autorité dans ampleur et dans sa clarté nécessaire à la reflexion afin de préserver l'harmonie du paraître de l'occultation. Cette capacité du dépositaire de restituer à l'étincelle individuelle, la puissance de l'incandescence originelle ,est la mesure de l'autorité que chacun peut manifester dans tel ou tel domaine. Elle explique les échecs des uns et les réussites des autres. Elle différencie les êtres dans leur accomplissement. Elle est aussi la limites de toutes les résussites et la la limites de toutes les réussites.Car nul ne peut restituer parfaitement les splendeurs de l'autorité de l'Aïeul, les besoins les désirs de la vie, les effrois de la mort, introduisent troubles et distorsions. Le Maître du sentier des Paroles cynégétiques ne dit-il pas:

La savane réussit à un homme
Le village ne lui réussit pas
Le Village réussit à un homme
La savane ne lui réussit pas

D'où le besoin de chacun de défricher et de cultiver le champ qui recevra et fera germer le grain d'autorité qui le lui fut confia à sa conception : le développement de tous ces grains est la condition de l'accomplissement de l'homme et du parachèvement du monde; univers que l'Aïeul a ébauché, laissant l'homme , artisan démiurgique génie incomparable de la destruction, le soin de le finir.

Il en résulte dans la perspective de cette oeuvre économie et ethique sont inséparable. Le dépot d'autorité est lumière de vérité qui doit permettre à l'homme dépositaire de frayer la voie du rebroussement vers le lieu d'émergence, à travers les enchevêtrements de la brousse d'existence; chemin faisant cette lumière de guidance et cette puissance qui commande aux évènements conduit les êtres les choses et les phénomènes à faire à la face à la face de révélatrice de l'homme qui a dépouillé tout intérêt mondain et déposé toute arme de conquête. Ainsi contempler la vision pour cet homme-là, c'est voir à travers le miroir du monde, c'est ce voir lui-même, et n'y rien saisir qui lui soit propre. Il en résulte une aisance de l'acte dont les limites reculent en fonction de l'harmonie entre l'intention de l'agent et le mouvement natif des choses.

Mais les êtres humains sont marqués par un attachement maladif à leur état existentiel, simple passage vers l'au-delà. Ce lien est adhésion à un moi hypothéque qui, faussement saisit comme distincte par opposition à la singularité d'un objet, le monde: ce monde apparaît à son tout comme un simple objet dont l'homme-sujet veut tirer jouissance et puissance pour échapper à la précarité et combler son manque d'être, et trouver l'occasion d'exercer quelque autorité sur les choses et commander aux évènements dont il n'est pourtant qu'un moment. Mais cet usage est détournement de l'autorité de son but. Car l'étincelle d'autorité fut déposée au coeur de l'homme afin de lui permettre de traverser le monde broussailleux sans se prendre aux pièges des attachements du vouloir et aux enchevêtrements et des passions vivaces que le torrent du temps qui submerge arrache dans la douleur des ruptures inévitables. La seule économie licite de cette autorité consiste à ne préveler sur ce trésor que juste ce qu'il faut pour s'entretenir lors de la traversée du monde. Tout prélèvement supplémentaire qui ne serait pas justifié par la seule nécessiter de subsistance, serait un crime lèse majesté. Or, engagé dans les marchés et les marchandages des désirs d'existence, l'homme vient à troquer tout le dépot d'autorité contre quelque viatique dont les brillants palissent avant le crépuscule du négoce mondain. Alors quand un marché se disperse, le caravanier du monde ne trouve plus assez de lumière d'autorité dans les pacotilles acquises pour se frayer un chemin dans la cohue vers l'étape suivante : et la femme qui s'est laissée séduire par le clinquant des objets mercantils a perdu au jeu du monde chante:

Nous sommes allés au marché d'Afrique
Nous sommes allés au marché de France
Nous sommes allés au marché d'Amérique
Nous sommes allés au marché d'Abidjan
Le marché n'a pas réussi
Ouika (Mlaheur)
Le marché ne m'pas réussi
Le Marché n'a pas réussi
Ouika(Maleur)
Le marché ne peut réussir à tout le monde
Le marché a réussi tous les garçons du village
Le mien il n'a pas réussi
Le marché à réussi à tous les filles du village
Le mien n'a point réussi

Dans l'évènement qu'est devenu le marché
L'on ne point se presser

En effet, seule la patience qui assigne à demeure l'esprit inconstant qui tient fermement la bride les pensées volatiles, qui impose le silence aux tambours du coeur, peut traverser sans perte ni égarement les marchés du monde, conservant sa lumière inextinguible pour la reconnaissance de la destination. Seule l'invulnérabilité, cette patiente, permet de préserver ce trésor contre les dilapidations du désir de jouissance et les dissipations des volontés de puissance d'un moi sans fondement propre ni substance. Seule l'invulnérabilté de cette patience donne la force de résister aux tentations de l'empressement dont s'enfantent les accumulations du désir; et le courage de s'arracher aux immobilisations des charges mondaines. Dépouillé de ce bouclier le moi exalté par les statuts sociaux politiques ou religieux s'exalte et s'ennorgueillit bientôt, conforté par l'arbitraire de ces attributions de pouvoir qui ne tiennent que par la violence et les contraintes exercées sur les autres «moi». Il en résulte la perte de la fluidité et de la compassion qui caractérisent l'autorité authentique. C'est ainsi que l'homme de pouvoir perd la grâce de se transformer en traversant le monde trop attaché aux attributions transitoires du monde. En s'attachant à un monde qu'il tend à figer, il se détourne de sa destination, détournant les autres de leur sentier d'accomplissement sans profit durable pour personne .

Quant à l'homme qui s'est dépouillé tous les pouvoirs des places publiques, qui déposé toutes les fardeaux des marchés tient à rien sauf d'une présence d'esprit qui demeure vigilant au monde sans compromettre le dépôt d'autorité avec le monde par quelque attachement. Il n'engage ce dépôt dans aucune des multiples transactions qui agitent les marchés du monde : transactions des désirs de jouissance et de puissance, le dépositaire d'autorité, armé de patience est à l'abri de tout cela. Il ne tire aucun plan sur le monde. Car l'univers tout entier émerge et s'évanouit à chaque instant dans un vaste dessein et tout projet particuler intramondain troublerait les splendeurs du dessein universel de quelque ombre de l'Aieul très Ancien. Ce moi-là, si on veut le sauver, il faut le vider de toutes ces préoccupations pour faire un écrin de conservation et de préservation de l'autorité. L'autorité déposée en l'homme doit être l'étincelle qui ne s'élève que pour retomber dans la flambeau du dessein de l'Aïeul.

Dans la dispersion des marchés du monde, rien ne peut nous égarer le caravanier de l'existence: car le monde devient pour le champ illuminé par l'étincelle d'autorité et et lui-même souffle qui le fait flambler faisant pâlir les lucioles des illusions mercantiles. Dans le champ ainsi illuminé aucun ne peut naître entre la face du flamboyant spectacle du monde.

C'est dire que le champ ainsi illuminé est champ de silence. Car les illusions mercantiles naissaient dans les clameurs et les boniments des marchands et les exclamations des chalands; autant de de paroles émises pour des futilités. Or, paroles futiles, paroles nuisibles. Mais les paroles sont communes aux sages rétirés qui s'exhibent sur les marchés. Car elles sont la voie spéciale, l'émanation de l'autorité et la voie commune de l'insinuation des passions et donc le moment de la contamination de l'autorité impartiale par les affections et des aversions partisanes. C'est ainsi que les paroles deviennent dangereusement nombreuses sur les marchés du monde. Et trop de paroles sont le signal de quelque fissure dans le vase et la fuite du fluide d'autorité. Partialité, antagonisme, adversité sont les discordances qui naissent de cet excès. L'homme d'autorité est de peu de paroles, à défaut d'être de silence.

Alors sans parole et sans volonté de puissance ni désir de jouissance excessif l'homme d'autorité tend à se rendre identique à l'Aïeul Très Ancien dans son équanimité et l'infinie compassion.

Sory Camara
Centre d'Etudes et de Recherches sur les Humanités d'Afrique

EPILOGUE

A cet instant , j'entends la voix du Voyant de Tumbing Fara, la lumière de guidance des Maîtres Sentiers, bénissant son petit-fils
O Mahamba
Que l'autorité de cet enfants étende et se consolide dans le champ de ton autorité
Afin que chaque jour
Il se rapproche de toi
Comme le fleuve l'océan
Fais que s'il parle
Sa parole trouve l'audience dans la disposition du recueillement
Que s'il se tait
Son silence inspire à ceux qui accaparent la parole
Fais O Mahanba
Que cet enfant exerce à tout instant
Puissance d'autorité
Sur les gestes commis par ses mains
Sur les propos qui traversent sa bouche
Sur qui les intentions qu'il forme en son coeur
Pour les accorder à la station des êtres qui s'arrêtent
Pour les accorder à la marche des êtres qui entrent en mouvement
Que tous les obstacles s'effondrent devant lui :

Les pollutions des cécités de la nuit
Comme la vacuité des éblouissements du jour
Voila la corne de bois de la guidance
Voila la tunique de cotonnade blanche de la reconnaissance
Je les dépose à mon tour dans ses mains
 Afin qu'il conduise son troupeau au parc.

Mémoires des Cahiers Ethnologiques

N°1. ROBERT-LAMBLIN, Joëlle. *Les Ammasalimiut au XXème siècle..Analyse du changement social au Groëland oriental.*1986. 518 p.(Publié avec la concours du Centre Nationale de la Recherche Scientifique) **100 f.**

N°2. TRAIMOND, Bernard. *Le pouvoir de la maladie. Magie et politique dans les Landes de Gascogne (1750-1826),* 1988. 226 p. **100 f.**

N°3. RIVALLAIN, Josette. *Catalogue des objets africains du Musée d'Ethnographie de l'Université de Bordeaux 2.* 1992. 193 p. **100 f.**

N°4. MANGALAZA, Eugène. *La poule de Dieu. Essai d'anthropologie philosophique chez les Betsimisaraka de Madagascar,* 1994, 331 p. **150 f.**

N°5. FURNISS, Suzanne. *Les collections d'objets musicaux et sonores dans les collections du Musée d'Ethnographie,* 1994. 174 p. **90 f.**

N°6. *L'ethnologie à Bordeaux, Hommage à Pierre Métais (Colloque 1994).* 1995.174 p. **120 f.**

N°7. TAKSAMI, MERIOT. *Les collections de l'Eurasie-Arctique du Musée de l'Université de Bordeaux 2,* 1996, 195 p. **200 f.**

N°8. *L'anti-autoritarisme en ethnologie (Colloque 1995),* 1997. 174 p. **140 f.**

N°9. MERIOT, Christian. *Guerre et violence,* 1997. 65 p. **150 f.**

Université Victor Segalen Bordeaux 2
Imprimé en France

Mars 1997